W0192468

Das Doppelleben
des Polizisten Willy S.

Tanja Polli

# Das Doppelleben des Polizisten Willy S.

Erinnerungen an die Zeit,
als Zürich brannte

Wir danken für die Unterstützung dieser Publikation
durch den Fonds Finanzdepartement der Stadt Zürich.

Alle Rechte vorbehalten, einschließlich derjenigen des
auszugsweisen Abdrucks und der elektronischen Wiedergabe

© 2016 Wörterseh Verlag, Gockhausen

Juristisches Lektorat: Dr. Georg Gremmelspacher, Rechtsanwalt, Basel
Herstellerische Koordination und Cheflektorat: Andrea Leuthold, Zürich
Lektorat: Reto Winteler, Wetzikon
Korrektorat: Brigitte Matern, Konstanz
Fotos Umschlag vorn: Demonstrationszug am Zürcher Limmatquai,
21. März 1981, © Keystone / Peter Schlegel (großes Bild); Willy Schaffner
in jungen Jahren, als Insider (l.) und als Unteroffizier (r.), Privatarchiv
(kleine Bilder)
Foto Umschlag hinten: Ausschreitungen vor dem Autonomen Jugendzentrum,
31. März 1981, © Keystone / Frank Hoffet
Umschlaggestaltung: Thomas Jarzina, Holzkirchen
Layout und Satz: Rolf Schöner, Buchherstellung, Aarau
Bildbearbeitung Bildstrecke: Michael C. Thumm, Blaubeuren
Druck und Bindung: CPI – Ebner & Spiegel, Ulm

Print ISBN 978-3-03763-068-6
E-Book ISBN 978-3-03763-600-8

www.woerterseh.ch

Eine Krise kann ein produktiver Zustand sein.
Man muss ihm nur den Beigeschmack der Katastrophe nehmen.

Max Frisch

*(Handschriftliche Notiz von Willy Schaffner –*
*gefunden in seiner Wäschezaine voller Erinnerungen)*

# Inhalt

## Vorwort von Daniel Leupi

»*Nur wer sich ändert, bleibt sich treu.*« *Wolf Biermann*

Dem Namen Willy Schaffner bin ich das erste Mal in einem Ordner begegnet. Meine Vorgängerin im Zürcher Polizeidepartement, Esther Maurer, hatte mir anlässlich meiner Amtsübernahme eine Sammlung von Flugblättern linksautonomer Herkunft hinterlassen, unter anderem mit »Steckbriefen« von zivilen Polizisten. Darunter natürlich auch jenen von Willy Schaffner, der sich in den Achtzigerjahren unter falschem Namen und mit einer erfundenen Biografie als Informant der Polizei in die »Bewegung« eingeschlichen hatte. Ich nahm den Ordner nur ein- oder zweimal in die Hand und entsorgte ihn dann. Tempi passati für einen wie mich, der 1980 als Vierzehnjähriger das Gymnasium in Luzern besucht hatte – im Jahr 2010 musste ich als neuer Polizeivorsteher die Herausforderungen der Gegenwart bewältigen und nicht die Achtzigerjahre verarbeiten. Aufgabenstellung, Methoden und Personen in der Polizeiarbeit waren nicht mehr dieselben, auch wenn das nicht alle wahrhaben wollten.

Schon nach kurzer Zeit im Amt merkte ich, dass Willy Schaffner in der Stadtpolizei inzwischen eine ganz andere Rolle wahrnahm als die, die ihm auf dem Flugblatt zugeschrieben worden war, und bald schon lernte ich ihn nicht nur als Menschen, sondern auch in seiner speziellen Arbeitsweise sehr zu schätzen. Durch und durch Polizist, versuchte er, draussen auf der Gasse die Dinge so zu regeln, dass es möglichst wenig »Lämpe« gab: wenig für die Polizei, wenig für die Demonstrierenden, wenig für die Anwohnerinnen und Anwohner. Die Ironie des Schicksals wollte es allerdings, dass er die Demonstration, die auf die Annahme der Ausschaffungsinitiative im November 2010 erfolgte und deretwegen wir das erste Mal gemeinsam an einem Tisch sassen, im Vorfeld viel harmloser einschätzte als ich. Ein Fehler: Die Demo lief aus dem Ruder, alle bezahlten Lehrgeld.

Willy Schaffner hat im Laufe seiner langen Karriere bei der Polizei erkannt, dass nicht alle, die auf die Strasse gehen, Staatsfeinde sind. Dass jedes politische und gesellschaftliche System immer wieder Veränderung braucht. Dass der erste Ruf nach Erneuerungen häufig auf der Strasse erschallt. Und dass es nicht die Aufgabe der Polizei sein kann, das Recht des Menschen, seine Meinung auch im öffentlichen Raum kundzutun, zu unterbinden. Zumindest nicht, solange es friedlich bleibt.

Immer und immer wieder stellte Willy Schaffner im Korps die Frage nach der Verhältnismässigkeit. Dies oft nicht zur Freude derjenigen, die den Buchstaben des Gesetzes eng auslegen. Als ehemaliger Polizeivorsteher der Stadt Zürich bin ich der Meinung, dass man diese Diskussion nicht oft genug führen kann. Aber darf ein Polizist die Strategie und die Methoden der eigenen Einheit hinterfragen? Willy Schaffner hat es getan! Und das, wie ich finde, völlig zu Recht. Denn eine Verwaltungsabteilung, ob hierarchisch organisiert oder nicht, kann letztlich nur funktionieren, wenn sie die eigenen Vorgehensweisen kontinuierlich reflektiert.

Willy Schaffner ist einen weiten Weg gegangen. Vom jungen Polizisten, der im Auftrag des Systems das Vertrauen von Menschen missbrauchte, bis hin zum inzwischen pensionierten Vermittler zwischen Ordnungsmacht und Opponenten. Trotzdem – für die einen bleibt er wohl für immer ein Spitzel. Die anderen aber anerkennen, dass er aktiv dazu beigetragen hat, dass die Polizeiarbeit heute anders aussieht als in den Achtzigern und die Frage der Verhältnismässigkeit häufiger gestellt wird. Für mich ist Willy Schaffner ein Symbol für den Wandel geworden, den das Korps in den letzten Jahrzehnten vollzogen hat.

Das nun vorliegende Buch schildert aber nicht nur die zahlreichen Etappen und Facetten in dieser Entwicklung, der Autorin Tanja Polli ist es gelungen, ein Zeitdokument zu schaffen. Ein absolut lesenswertes. Für diejenigen, die damals nicht dabei waren, beschreibt es ein spannendes und vielschichtiges Kapitel unserer Stadt. Für Zeitzeugen birgt es eine Chance, die eigene Rolle und Erinnerung zu spiegeln. Und für alle, die sich mit der Geschichte der Stadt Zürich beschäftigen, ist es schlicht ein Muss.

*Daniel Leupi, Zürcher Stadtrat*
*Im August 2016*

Daniel Leupi war von 2010 bis 2013 Polizeivorsteher der Stadt Zürich und amtet seither als Finanzvorsteher.

# Rückblende

Schaffner hatte die Nase voll. Die vierte Nacht in Folge sass er nach Mitternacht noch im Büro, jeden Tag gab es Strassenkrawalle, eingeschlagene Scheiben, Verkehrsblockaden – und die Radaubrüder kamen fast immer ungeschoren davon. »Die Gegenseite«, wie man die Leute der »Bewegig« in seinen Kreisen nannte, spielte Katz und Maus mit der Polizei, und die ganze Welt schaute zu. Seit dem Opernhauskrawall Ende Mai 1980 war das Chaos grösser und grösser geworden – und die Nächte des Polizisten kürzer. Jetzt war Ende November, ein Ende der Krawalle nicht in Sicht.

Schaffner warf einen Blick aus dem Fenster. Eine Strassenlaterne schickte ein fahles Licht ins karge Büro im Kriminalkommissariat III, dem KK III, an der Stampfenbachstrasse in Zürich, auf dem grauen Linoleumboden zeichneten sich schwach orange Lichtstreifen ab. Schaffner horchte auf, als in der Ferne eine Kirchenuhr zwei Uhr schlug. Dann war es wieder mucksmäuschenstill. Der junge Polizist spannte einen Rapportbogen in seine Hermes-Schreibmaschine ein, nahm einen Schluck Kaffee aus der grossen Henkeltasse ohne Henkel und hämmerte Notizen und Namen auf den Bogen mit mehreren Durchschlägen. Immer wieder drehte er seinen langen, massigen Oberkörper um, schaute hinter sich. Natürlich war ihm niemand gefolgt. Wie denn auch? Das mehrstöckige Gebäude des Stadtzürcher Geheimdienstes war bestens elektronisch gesichert. Benutzte er seine beiden Schlüssel nicht in einer vorgegebenen Zeitfolge, wurde Alarm ausgelöst. Da war kein Alarm, das Einzige, was Schaffner hörte, war seine Atmung, das rhythmische Geräusch der Luft, die durch seine Nase ein- und ausströmte. Hätte er genauer hingehört, hätte er auch sein Herz schlagen hören. Es schlug schneller als früher: Die Angst davor, dass die jungen Leute da draussen, diese »Szenisten«, rauskriegen könnten, dass er Polizist war, ein Spitzel, verschwand nicht einfach, wenn er, wie jetzt, mutterseelenallein in einem Büro sass. Sie war ständig da.

Fast täglich mischte sich Schaffner inzwischen unter die »Bewegten«, tat, als sei er einer von ihnen, stand als Polizist Kollegen in Vollmontur gegenüber. »Reizwäsche« nannten die Aktivisten die Kampfmontur. Nachts kehrte er hierher zurück, um die Namen jener Aktivisten zu notieren, die er identifizieren konnte. Es wurden immer mehr: Fischer Steff, Strehle Res, Scherr Niklaus… Heute war er früher dran als üblich, denn heute hatten die Chaoten nach der Vollversammlung im Volkshaus auf ein »Umzügli« durch die Stadt verzichtet, es war wohl auch ihnen zu kalt, zu ungemütlich. Willy Schaffner oder Willi Schaller, wie er sich in der Szene nannte, war nach der Versammlung noch mit ein paar Leuten ins »Krokodil« weitergezogen. Er hatte ein Bier getrunken und auf den richtigen Moment gewartet, um unauffällig verschwinden zu können. Der Weg hierhin, ins »Pentagon«, wie er die Zentrale des Zürcher Geheimdienstes nannte, war jedes Mal ein Spiessrutenlauf. Niemand durfte ihn sehen. An Abenden, an denen ihm der Weg zu heikel schien, gab er seine Infos telefonisch durch, aus einer Telefonkabine in einem anderen Stadtkreis.

Jetzt war er müde, einfach nur müde, und er fröstelte. Freie Abende waren für ihn inzwischen die Ausnahme: Erst gerade hatten die Chaoten nach einer Versammlung im Jugendhaus Drahtschmidli den ganzen Trambetrieb lahmgelegt, und nur wenige Tage war es her, dass man am Ferienhaus von Stadträtin Emilie Lieberherr einen Brandsatz gefunden hatte. Wie konnte er da zu Hause bleiben? Im KK III war die Hölle los. Schaffners Chef Heinz Niederer, der Leiter des KK III, forderte von seinen Untergebenen Namen: »Wir brauchen die Namen dieser Chaoten.«

Schaffner wusste inzwischen, dass der Brandsatz an Lieberherrs Haus genau so ausgesehen hatte wie jene, die zuvor bei Anschlägen auf Autos von Bezirksanwälten eingesetzt worden waren, aber von den Tätern wusste Schaffner rein gar nichts. Einige seiner Kollegen waren sich absolut sicher, dass diese Aktionen keine Spontanproteste unzufriedener Jugendlicher waren, sondern von langer Hand geplante Angriffe auf den Rechtsstaat Schweiz, auf das Bürgertum, den Wohlstand. »Man muss die Rädelsführer kriegen«, sagten sie, »nicht nur diese naiven Mitläufer auf der Strasse, aufgewiegelt und ferngesteuert von Moskau.« Sogar sein oberster Chef, Polizeivorstand Hans Frick, hatte kürzlich verlauten lassen, man müsse davon ausgehen, dass der libysche Diktator Gaddafi die Aufständischen in Zürich finanziell unterstütze. Wie sollte die Stadtzürcher Polizei dagegen vorgehen? Was konnte er, Schaffner, ein einfacher Beamter, da schon ausrichten?

Natürlich hatte er versucht, herauszukriegen, wer die Anschläge geplant hatte. Immer wieder hatte er im Gespräch mit Bewegten beiläufig die Frage nach der Urheberschaft gestellt. Rausgekriegt hatte er nichts, aber auch gar nichts. Dachten seine Vorgesetzten vielleicht, die Namen der Rädelsführer würden am Beizentisch verhandelt? So viel hatte er in den wenigen Wochen, die er bis jetzt als Insider unterwegs war, bereits gelernt: Mit Namen war man in der Szene vorsichtig, übervorsichtig.

Schaffner trank den letzten Schluck seines bereits kalten Kaffees und zog den Rapportbogen aus der Hermes. Das Original legte er auf den Schreibtisch seines Vorgesetzten, eine Kopie archivierte er in einem der schweren grünen Bundesordner, die in Reih und Glied in seinem Büro standen. Auf dem Heimweg durch die menschenleeren Strassen Zürichs warf er regelmässig einen Blick hinter sich.

## Heimat

Die Strasse, die in den 221-Seelen-Ort Gurtnellen-Dorf führt, ist kurvig. Wer es eilig hat, läuft Gefahr, in eine Kuhherde zu fahren. Eingebettet in eine steile Bergflanke, steht hier das kleine Holzchalet, in dem Willy Schaffner lebt. Hoch über der A2 verbringt der ehemalige Zürcher Stadtpolizist seinen Lebensabend. Im Winter schafft es die Sonne nur wenige Stunden über die Gipfel, aber heute hat der älteste Urner, wie die Einheimischen hier den Föhn nennen, den Himmel blank gefegt. Schaffner ist ein Berg von einem Mann. Sein Händedruck ist fest, er trägt, obwohl November, nur Jeans und T-Shirt.

»Das hier«, sagt er nach der Begrüssung und macht eine ausschweifende Armbewegung, »das hier ist Heimat. Die Berge nah, die Bergbäche mit den Forellen und der Wald mit den Steinpilzen.« Schaffner bietet an, die Umgebung des Hauses zu zeigen. »Drinnen ist dann die Frau zuständig.«

Direkt vor dem Vorplatz des Holzhäuschens grasen die Alpakas des Nachbarn, sie büxen regelmässig aus und machen sich über den Garten des ehemaligen Polizisten her. Weiter unten im Hang gackern Hühner. Ihr Gackern wird lauter, als wir uns nähern. Die

Tiere hätten keine Namen, erklärt mir Schaffner – trotzdem kenne er jedes einzelne und werde auch von ihnen erkannt. Er schnalzt ein paarmal, die Hühner scharren aufgeregt. »Diese Vögel«, sagt er, eine Hand am Maschendrahtzaun, »verfügen über eine soziale Ader und haben einen grossen Freiheitsdrang.«

Ein paar Monate später werde ich genau das über Schaffner sagen, aber noch stehen wir vor dem Hühnergehege, und er erzählt, dass die so friedlich wirkenden Tiere kein Pardon kennen, wenn er statt der üblichen Körner Speckschwarten bringe oder Käserinden. »Meine Kannibalen«, nennt er sie dann, weil sie sich gegenseitig picken, um an die begehrten Leckerbissen zu gelangen.

Manchmal nimmt der grosse Mann eines der Tiere auf den Arm. Vielleicht tut das auch ihm gut, denn die alten Geschichten, die Arbeit als Polizeispitzel und das unrühmliche Ende dieser Tätigkeit, plagen ihn bis heute. Im Keller hortet er fünf Wäschekörbe voll mit Zeitungsausschnitten, Notizen und Tagebucheinträgen. Erinnerungen neben eingemachten Kirschen, Zucchetti und Pilzen. Berge von Papieren, die er jemandem zeigen muss, bevor er sie verbrennen kann, abschliessen, den Rest seines Lebens unbelastet geniessen. Darum hat er mich gefragt, ob ich seine Geschichte niederschreiben würde. Er will sie loswerden, er will, dass man sie versteht – und mit ihr auch ihn.

»Wo fangen wir an?«, fragt Schaffner, als wir wenig später im Chalet am hölzernen Küchentisch mit Eckbank sitzen. Er zieht einen der Stapel Papiere, die er fein säuberlich auf den Tisch gelegt hatte, etwas näher zu sich. Darf er das überhaupt, diese Dokumente zeigen? Darf er erzählen, wie man damals gearbeitet hat? Die Zweifel sind immer spürbar während unserer Gespräche. Er will niemandem zu nahe treten, keinen Fehler mehr begehen. Zögernd beginnt er doch zu erzählen, zuerst stockend, dann flüssig, manchmal ein wenig so, als habe er sich gewisse Geschichten schon länger zurechtgelegt. Bevor er einen Kraftausdruck verwendet, sagt er jeweils »'tschuldigung«.

Zusammen mit Willy Schaffner geht die Reise zurück nach Zürich und ins Jahr 1976. Der junge Urner ist 26 Jahre alt, feiert im Muraltengut in Zürich Wollishofen mit seinen Eltern die Vereidigung zum Polizisten.

Der frischgebackene Polizist wurde als Streifenwagenfahrer im Kreis 2 eingeteilt. Ein ruhiges Quartier, Einbrüche manchmal, Falschparker, Verkehrsunfälle. Die Rapporte mussten auf der Schreibmaschine mit fünf Durchschlägen geschrieben werden. Wenn der junge Polizist Nachtdienst hatte, kochte der Chef im Büro der Wache, und sie assen zusammen Znacht.

In ruhigen Nächten, das lernte er schnell, stoppte man bei der Brauerei Hürlimann. Da stand dann immer schon der eine oder andere Streifenwagen. Kameradschaft pflegen, nannte sich das. Der Polizeifunk lief, im Notfall wäre man bereit gewesen, aber die Notrufe waren selten, und so wurde an den hölzernen Beizentischen der Brauerei so manches diskutiert, was in den Augen eines Polizisten falsch lief im Lande.

Der Innerschweizer liebte sein neues Leben, die Grossstadt, auch wenn er wusste, dass er hier nie ganz heimisch werden würde. Man tickte einfach anders, wenn man von »hinten« kam, im Urner Reusstal aufgewachsen war, eingeklemmt zwischen Bergflanken. Das hatte sich schon in der Polizeischule gezeigt: Vom ersten Tag an, dem 1. April 1975, hielten sie zusammen, die Schwyzer, Nidwaldner, Urner, Luzerner, die der gemeinsame Berufswunsch nach Zürich verschlagen hatte. Wenn der Kasernenchef Strafen aussprach, weil man nach dem Ausgang wieder einmal zu spät zurückgekommen war, traf es nie einen allein.

In einem Keller in der Zürcher Enge lernten die Polizeiaspiranten schiessen, und Polizeikommandant Rolf Bertschi unterrichtete sie in »Ethik in der Polizeiarbeit«, zum Beispiel: »Wohin mit den Händen, wenn man in Uniform unterwegs ist?«, und »Wie grüsst man den Bürger?«.

Schaffner war bereits mehrere Wochen bei der Streifenpolizei, als in einer der langen Nächte mit einem Stopp im Hürlimann-Areal ein Notruf einging: »Schlägerei in einer Bar in Wollishofen«, vermeldete die Einsatzzentrale. »Gönd emal go luege«, sagte der Kollege. Diesen Satz würde der junge Polizist sein ganzes Berufsleben lang hören: »Gönd emal go luege.«

Er trank in Ruhe seinen Kaffee aus. Auch das hatte er schnell begriffen: Wenn es nicht dramatisch klang, dann lohnte es sich, die Zeit für sich arbeiten zu lassen, ruhig und ohne Blaulicht vorzufahren. Wenn man Glück hatte, war der ganze Spuk vorbei, bevor man da war. Als er in dieser Nacht zusammen mit seinem Kollegen in der Bar ankam, war tatsächlich bereits Ruhe eingekehrt: Der vermeintliche Schläger stand an der Bar, hielt sich mit einer Hand am Tresen fest. »Ausweis, bitte«, forderte Schaffner den jungen Mann auf. Dieser machte keine Anstalten, sich auszuweisen. Der Polizist ging einen Schritt auf ihn zu, baute sich vor ihm auf: »Ich mache Sie darauf aufmerksam, dass wir Sie mitnehmen müssen, wenn Sie sich nicht ausweisen«, sagte er schon etwas lauter. Der Mann, kleiner als er, aber äusserst muskulös, verengte seine Augen zu Schlitzen, schaute Schaffner direkt in die Augen und schürzte seine Lippen. Dann spuckte er ihn an. Für einen kurzen Moment schien die Zeit stillzustehen, die übrigen Gäste unterbrachen ihre Gespräche, blickten das ungleiche Duo an. Auf der dunkelblauen Uniform des Polizisten bildete der Speichel eine schmale Spur, die sich langsam Richtung Boden bewegte.

Beide standen regungslos da. Bevor Schaffner überhaupt reagieren konnte, spuckte der Mann am Tresen ein zweites Mal, diesmal mitten in sein Gesicht. Dann ging alles sehr schnell: Mit der Linken packte Schaffner den Typ an der Schulter, mit der Rechten schlug er zu. »Den Rechtsausleger ausfahren, nannten wir das«, erklärt er mir am Küchentisch in Gurtnellen. Der sichtlich Betrunkene sei eingesackt und zu Boden gestürzt. Schaffners Kollege nickte anerkennend und sagte: »Voll okay, mach dir keine Gedanken.« Dann rief er die Funk- und Notrufzentrale an. Die Kollegen brachten den Spucker im Kastenwagen zum Ausnüchtern auf die Wache. Schaffner machte sich aller Beschwichtigungen zum Trotz Gedanken: »Was, wenn der Typ eine Beschwerde einreicht?«

Es sind wenige Szenen aus seiner Zeit als Streifenpolizist, an die er sich heute noch erinnert: An den ersten Selbstmörder, den er – kaum diplomiert – vom Strick schneiden musste, und an jenen Abend in der Bar. Eine solche Demütigung vor all den Leuten, das stecke man nicht einfach weg, sagt er. Der Mann reichte keine Beschwerde ein. Im Gegenteil: Er entschuldigte sich und brachte später gar eine Schwarzwäldertorte aufs Revier. Schaffner schrieb einen A-Rapport. »A« steht für ad acta.

Es sollte das einzige Mal in seiner Polizeilaufbahn bleiben, dass Schaffner zuschlägt, was nicht heisst, dass er es bereut. Es gibt anderes, das er gern rückgängig machen würde, auch Kleinigkeiten: die Busse an jenen bärtigen Mann zum Beispiel, der 1977 in einem alten, verlotterten VW-Bus ohne Licht durch den Ulmbergtunnel fuhr. Schaffner war im Verkehrsdienst eingeteilt, stand mit einem Kollegen an der dicht befahrenen Strasse. »Zwanzig Franken, bitte«, forderte er den fehlbaren Busfahrer auf. Dieser zog nur die Augenbrauen hoch und sagte: »Wissen Sie eigentlich, wen Sie vor sich haben?« Schaffner wusste es nicht. »Auch wenn Sie der Kaiser von China sind, müssen Sie bezahlen«, dachte er sich.

»Ich bin Pfarrer Sieber«, sagte der bärtige Mann. Dem jungen

Urner sagte das gar nichts. Er drückte dem Verdutzten einen Einzahlungsschein in die Hand und sagte: »Zwänzg Stutz, auch für Sie«, dann wandte er sich ab.

»Das ärgert mich noch heute«, gesteht Schaffner und wirft dabei einen kurzen Blick auf den Vorplatz des Chalets, wo die grasenden Alpakas des Nachbarn bereits gefährlich nahe an den Geranien auf der Fensterbank stehen. Mit dem Kopf gibt er seiner Frau in der Küche ein Zeichen. Sie verdreht die Augen, sagt: »Dummi Viecher«, schnappt sich einen Besen und geht hinaus, um die Tiere zu verjagen.

Schaffner fährt weiter: »Heute würde ich zu Herrn Sieber sagen: ›Ohne Licht zu fahren, ist gefährlich, auch für Sie, Herr Pfarrer, und Sie wollen doch weiterhin für die Armen da sein können.‹« Dann würde er ihm eine Zwanzigernote in die Hand drücken – als Spende.

Dass Schaffners jüngerer Bruder damals in Zürich als Obdachloser auf der Strasse lebte, wusste im Korps kaum jemand, und der schneidige Uniformpolizist wusste bei diesem Einsatz nicht, dass in ein paar Jahren ausgerechnet dieser Pfarrer seinen Bruder in den Tod begleiten würde.

# Ein »leides Kapitel«

Streifenpolizist Schaffner machte seine Sache gut. Die Vorgesetzten schätzten die ruhige, überlegte Art des Innerschweizers und seinen Einsatzwillen. 1975 war er in die Polizei eingetreten, 1977 hatte er den polizeilichen Grenadierkurs in Isone besucht, kurz darauf wurde er aufgeboten: Ein junger Vater hatte sich in seiner Wohnung verschanzt und drohte, seine Familie umzubringen. Als Schaffner und seine Kollegen stürmten, erschoss der Mann Ehefrau und Kleinkind, dann richtete er sich selber. Warum es zu dieser Eskalation kam, weiss Schaffner bis heute nicht, aber die Bilder der toten Familie haben sich in sein Gedächtnis eingebrannt. »Überall Blut«, sagt er, und: »Wir haben bei der Erstürmung etwas zu viel Sprengstoff an der Tür angebracht, sodass die ganze Wohnwand in die Brüche ging.«

1978 wurde Schaffner Schiessleiter im Korps. Privat hatte er in Zürich nach wie vor nicht Fuss gefasst, jedes Wochenende fuhr er heim zu den Eltern ins Urnerland, wohnte in seinem ehemaligen Kinderzimmer und traf sich mit Kollegen zum Jassen.

Nach Feierabend, auf dem Heimweg von Zürich nach Dübendorf, wo er inzwischen eine Wohnung hatte, machte er in Halbzivil – Uniformhose und privatem Blazer – des Öfteren einen Stopp im Café Peter in Gockhausen. Die Wirtin war bald eine der wenigen Vertrauten des Innerschweizers. Sie hatte eine Tochter – Margrith. Die beiden kannten sich nur flüchtig. Margrith war noch nicht lange verheiratet, als sie sich zum ersten Mal mit an den Tisch setzte, an dem der junge Polizist sass. Sie hatte ihr Hochzeitsgeschenk dabei: einen Basset namens Willi. Der perfekte Name für so einen Hund, hatte Margrith sich gedacht, er war eigenwillig, stur und kaum zu erziehen. Nach der ersten Begegnung mit dem in ihren Augen arroganten jungen Mann fühlte sie sich in der Namenswahl für den Hund bestätigt.

Einmal nur, 1978, erlebte Margrith Hobi diesen Schaffner anders. Der sonst so selbstbewusste Mann wirkte fahl, trotz seiner Grösse zerbrechlich. »Mein Vater ist gestorben«, sagte er, als sie ihn fragte, was mit ihm los sei. »Herzinfarkt, mit 56.« Als er es erfahren habe, erzählte er, sei ihm sein eigenes Leben im Zeitraffer vor dem inneren Auge abgelaufen. »Wie ein Film.« Dann schwieg er wieder. Margrith nickte, legte ihm einen kurzen Moment die Hand auf die Schulter und brachte ihm einen Kaffee.

Der Lebensfilm, den Schaffner am Todestag seines Vaters gesehen hatte, begann mit seiner Geburt am 30. August 1950 im Kantonsspital Aarau. Der Vater war Elektriker, die Mutter Hausfrau. Kurz nach Willys Geburt bewarb sich der Vater als Schichtführer im Kraftwerk der Schweizerischen Bundesbahnen in Amsteg im Kanton Uri.

Er plante den Umzug gegen den Willen seiner jungen Frau, aber es war eine Zeit, in der die Ehemänner entschieden, wo die Familie lebte. Nur eine Handvoll protestantische Familien gab es im Dorf im Urnerland, die Schaffners waren eine davon. Kaum in der Schule, bekam Willy das zu spüren: Während die katholischen Kinder in Zweierkolonne durchs Dorf zur Andacht gingen, mussten die protestantischen Kinder vor dem Schulhaus warten, verschliefen katholische Kinder die Messe, tadelten die Lehrerinnen: »Man könnte meinen, ihr seid Protestanten.« Der Ton, in dem sie das sagten, sprach für sich. Unterrichtet wurden alle Kinder von katholischen Klosterfrauen. »Die waren fixiert auf den Glauben«, sagt Schaffner und fügt dann hastig an: »Aber ich will nicht klagen, sie haben ihre Sache schon recht gemacht.«

Willy war das, was man einen Wildfang nennt. Wenn er störte, musste er vor der ganzen Klasse auf den Boden knien. Wenn er zu laut war, gabs »Tatzen«, und nicht selten wurde gleich die ganze Klasse mit bestraft.

Daheim wollte man davon nichts wissen. Der Vater sass bald im Schulrat, war trotz seiner Mitgliedschaft in der Sozialdemokratischen Partei ein angesehener Mann im Dorf. »Hätte ich mich gegen die Schläge gewehrt, hätte es daheim gleich weitere abgesetzt«, sagt Schaffner und fügt dann scheinbar emotionslos an: »Andere Zeiten, andere Sitten.«

Als der siebenjährige Willy an einem schönen Sommerabend einmal nicht pünktlich um sechs Uhr zum Znacht zu Hause war, holte ihn der Vater mit Teppichklopfer und Gurt vom Dorfplatz. Die ersten Hiebe setzte es bereits vor den Schulkameraden ab.

»Wir wurden dressiert, nicht erzogen«, sagt Schaffner lakonisch, »heute ein No-Go.« Nur der Atem, der hörbar schwerer geht, und die Kiefermuskulatur, die plötzlich sichtbar arbeitet, lassen erahnen, dass ihn diese Erlebnisse mehr geprägt haben, als er erzählen mag. »Ich war ein Einzelgänger«, sagt er dann. Er habe sein eigenes Leben gelebt, schon als Kind, auch mit seinen zwei jüngeren Brüdern habe ihn nicht viel verbunden. Als Willy älter wurde, begann er, seine Grenzen auszuloten: Er kletterte auf die Eisenbahnbrücke in Amsteg, balancierte 52 Meter über dem Talboden auf dünnen Metallbalken, wartete im Tunnel auf den Zug, um im letzten Moment in eine Nische zu springen. Er klammerte sich am Boden der Seilbahn nach Arni fest, um zu schauen, wie lange er sich festhalten konnte. Zehn Meter über Boden rutschte er ab und stürzte in die Tiefe. Ein Heuhaufen rettete sein Leben.

Die sechste Klasse machte der ungestüme Schaffner Willy zweimal, und nach der zweiten Sekundarschule stellte sich die Frage: Was wird aus dem Jugendlichen, den nichts zu interessieren schien? Handwerkliches Geschick fehlte ihm, andere Möglichkeiten gabs nicht im Dorf. Der Vater organisierte ein drittes Sekjahr in Erstfeld. Dort traf Willy endlich auf einen Lehrer, der ihn mochte und seine Fähigkeiten erkannte; eine kaufmännische Lehre wurde zum Thema oder das Gymnasium. Die Eltern horchten auf, aber Schaffner wollte vor allem eines: raus aus der Abhängigkeit vom Elternhaus, frei sein, selbständig. An der Aufnahmeprüfung für das Kollegium Karl Borromäus in Altdorf machte er willentlich so viele Fehler, dass der Rektor später den Vater anrief und fragte, ob der Junior ein psychisches Problem habe.

»Ein leides Kapitel«, sagt Schaffner heute. »Mein Leben hätte eine andere Richtung genommen, hätte ich die Matura gemacht.« Stattdessen absolvierte er als erster männlicher Lehrling im Kaufhaus August Hauser in Erstfeld eine kaufmännische Lehre – Fachrichtung Textil. Was ein Fischgratmuster ist, weiss er bis heute, obwohl es ihn nie wirklich interessiert hat. Geholfen hat ihm seine Gabe, schnell viel auswendig lernen zu können. Dieses Talent wird er später als Spitzel so weit ausbauen, dass er Hunderte Zürcher Aktivisten beim Namen kennt, viele inklusive Geburtsdatum.

Aber noch lebte Schaffner in Amsteg. Nach der Lehre bewarb er sich in der Munitionsfabrik Altdorf, einem der grössten Arbeitgeber im Tal, im Schächenwald. Er arbeitete in der Betriebsbuchhaltung, merkte aber schnell, dass er dort nicht pensioniert werden wollte: Das Repetitive erstickte ihn, um Viertel nach acht Uhr rein, um halb sechs wieder raus, die immer gleiche Arbeit. Erst in der Rekrutenschule ging es ihm wieder besser. »Huufe Lüüt glehrt känne«, sagt er, wenn er daran zurückdenkt, »und die schönsten Flecken der Schweiz.« Nur in der Unteroffiziersschule traf ihn einmal die Härte des Systems. Schaffner war übermüdet eingerückt und auf der Wache eingeschlafen. »Drei Tage scharfer Arrest«, lautete das Verdikt. Eine kleine Zelle, eine Bibel und sonst nichts. »Schon krass. Den ganzen Tag nichts ausser die Essensausgabe«, erinnert er sich, fügt aber sofort an: »Einen psychischen Schaden habe ich nicht davongetragen.«

Monate später, Soldat Schaffner war bereits Furier, beendete ein Teekanister, den seine Küchenmannschaft bei einer Schiessübung im Schächental vergessen hatte, die Militärkarriere des Urners vorzeitig. Das Papier, auf dem stand, dass er die Anforderungen als Vorgesetzter nicht ganz zur Zufriedenheit erfüllt habe, machte Schaffner so wütend, dass er es in kleinste Teile zerriss und diese vor den Augen des Offiziers in die Luft blies.

1973 verliess er die Munitionsfabrik. Mitten in der Rezession. Der Vater las ihm gehörig die Leviten: »Eine sichere Stelle gibt man nicht auf!« Aber dieses Mal setzte sich Willy durch. »Ich war zu stark geworden, die Einschüchterung funktionierte nicht mehr.« Was folgte, bezeichnet er heute als »Hängerjahr«. Er zog nach Luzern, hielt sich mit Gelegenheitsjobs über Wasser. Einmal landete er im Aussendienst einer Firma, die Bauern Melkfett verkaufte. Als Schaffner realisierte, wie viel Geld die Firma den Bauern für das billige Fett abnahm, kündigte er noch in der Probezeit.

Der Vorschlag eines Freundes, er soll es doch bei der Polizei versuchen, kam genau zur richtigen Zeit. Schaffner bewarb sich gleichzeitig bei der Zuger und der Zürcher Stadtpolizei, in den Bewerbungsunterlagen ein Leumundszeugnis, das der Vater beim befreundeten Dorfpolizisten von Amsteg eingeholt hatte. Zug hätte ihn sofort genommen, Zürich bestellte ihn zu einer zweitägigen Aufnahmeprüfung. Schaffner wählte die Herausforderung und meldete sich zur Prüfung an.

»Aus heutiger Sicht«, flicht er in die Erzählung ein, würde er eine andere Abzweigung nehmen: Entwicklungshelfer im Ausland werden, Wasserpumpen installieren in Uganda oder für das Rote Kreuz nach Asien gehen.

Auf dem Nachhauseweg von diesem Treffen frage ich mich, was aus jenem eigenwilligen und freiheitsliebenden jungen Mann wohl geworden wäre, wenn es ihn ohne konkrete Perspektive Anfang der Achtzigerjahre nach Zürich verschlagen hätte. Ein Bewegter vielleicht?

## Hieroglyphen, Krawalle und ein Monster

Fast vier Jahre war Schaffner bei der uniformierten Polizei, als er bei der Sicherung einer Veranstaltung der Israelitischen Cultusgemeinde im Zürcher Kreis 2 auf zwei Kollegen des Kriminalkommissariats III traf. Er verstand sich gut mit den beiden. Von der sagenumwobenen Spezialabteilung hatte er schon viel gehört, und dass er auch als Streifenpolizist nicht pensioniert werden würde, war ihm längst klar.

Ein paar Monate später entdeckte Schaffner in einer internen Mitteilung die Stellenausschreibung: Das KK III, der Stadtzürcher Geheimdienst, suchte Nachwuchs. Tatsächlich. Schaffner meldete sich, ohne sich grosse Chancen auszurechnen, doch schon kurze Zeit später sass er beim Vorstellungsgespräch an der Stampfenbachstrasse. Man stellte ihm die Frage nach seiner politischen Gesinnung. Er antwortete: »Neutral.« Dann wollte man wissen, was ihn motiviere. Schaffner sagte: »Ich suche die Herausforderung, bin offen für alles.«

Er bekam den Job.

Zurück in die Gegenwart, zurück in die idyllische Bergwelt des Urner Oberlandes: Die Sonne ist längst wieder verschwunden hinter dem Bergkamm, und auch die Alpakas des Nachbarn sind weitergezogen. »Politik hat mich damals null interessiert«, sagt Schaffner. Weder die Debatte um die Schwarzenbach-Initiative habe er wirklich mitbekommen, noch sei er wählen gegangen. Auch heute kann Schaffner nicht sagen, wo er parteipolitisch steht. Wenn er sich entscheiden müsste? »Ich will mich nicht festlegen, kann nur sagen, ich bevorzuge Parteien, die konsensorientiert vorgehen und bestrebt sind, realistische Lösungen für schwierige Themen zu finden. Und ich bin gegen alles Extreme.« Er sei eher für die Schwächeren und für jene, die nicht ganz der Norm entsprächen.

Auf die naheliegende Frage, ob dies daher rühre, dass er selber lange Zeit nicht ganz ins System gepasst habe, antwortet er nach einer kurzen Pause: »Das ist möglich. Sehr gut sogar.«

Am 1. April 1980 begann Willy Schaffner sein Ausbildungsprogramm im KK III. 64 Beamte waren hier tätig, im Nachrichtendienst, im Ausländerdienst, in der sogenannten Registratur. Schaffner war fasziniert. Fünf Beamte waren dem eigenständig wirkenden »Büro S« zugeteilt. Sie arbeiteten im Gegensatz zu ihren Kollegen nicht »präventiv«, sondern kamen dann zum Zug, wenn bereits Straftaten begangen worden waren. Während 27 Wochen sollte der Neuling in den Staatsschutz eingeführt werden. Eine Welt für sich, eine Polizei innerhalb der Polizei. Die ersten Wochen verbrachte Schaffner in der Registratur, der Abteilung, in der die Rapporte der Staatsschutzdetektive und externer »Vertrauenspersonen« in mühseliger Kleinarbeit auf Fichen übertragen wurden. Rechtschaffene Hausmeister riefen hier an, um Verdächtiges zu melden, aufmerksame Nachbarn oder Barbesitzer und natürlich Kollegen aus den Reihen der Polizei, die mit offenen Augen durch die Stadt gingen.

An seinen ersten Arbeitstag in der Registratur erinnert sich Schaffner genau. Er schüttelt den Kopf, vergräbt das Gesicht in seinen grossen Händen und blickt dann einen Moment lang zum Himmel. »Register, Ordner, Tausende von blassgrünen Karten«, sagt er, niemals, habe er gedacht, würde er hier den Durchblick kriegen. Irgendwann begann er zu zählen: Im Hauptraum der Registratur standen 29 zum Teil mannshohe, dunkelgrüne Metallaktenschränke – voll mit Zehntausenden Registerkärtchen im Format A5, gekennzeichnet mit verschiedenfarbigen Reitern, sortiert nach Kriterien, die sich ihm nicht erschlossen. »Hieroglyphen, undurchsichtige Zahlencodes, ein ausgeklügeltes Wunderwerk.«

Im Nebenraum mit dem dazugehörigen Hilfsregister – noch einmal 11 000 Kärtchen – wurden die Daten nach bestimmten Gruppen sortiert: »Anarchisten«, »Terrorsympathisanten«, aber auch »Politiker«, »kritische Lehrer« oder »Medienschaffende«.

Schaffner sagt, er habe sich bei all dem nichts Böses gedacht. »Ich versuchte, meinen Job zu machen, das war schwierig genug.« Er habe das zu dieser Zeit nie hinterfragt. »Das tat man im KK III grundsätzlich nicht«, fügt er an, »niemand tat das.« Dort arbeiten zu dürfen, sei ein Privileg gewesen. Im KK III gehörte man zu den Auserlesenen.

Wenn er heute darüber nachdenkt, was damals auf diesen Kärtchen stand, kann er es kaum mehr fassen. »Trinkt ein Bier mit einer unbekannten Frau« zum Beispiel, oder: »In der Kommune im vierten Stock brennt um elf Uhr noch Licht.«

Nach einem Monat wurde der Neue im Rahmen seiner Ausbildung dem Ausländerdienst im Kreis 7 zugeteilt, befragte einbürgerungswillige Ausländer. Ein »senkrechter Fachmann« sei der bereits ältere Kollege gewesen, der ihn einführte. Der Bleistift musste am vorgesehenen Ort, gerade ausgerichtet, abgelegt werden, genauso der Radiergummi, und auch der Tagesablauf im Büro folgte einer strengen Routine: Um Punkt Viertel vor neun war Pause, nach exakt dreissig Minuten ging es zurück an den Schreibtisch, und dann wurde getippt bis pünktlich um zwölf Uhr. Neben der schriftlichen Archivarbeit sollte sich Schaffner grundsätzlich in die Thematik »Staatsschutz« einarbeiten, eine Haltung entwickeln, begreifen, wo die Gefahr lauerte. Dazu hatte man ihm Akten aus der Zeit der 68er-Unruhen auf den Tisch gelegt, die Namen jener, die damals versucht hatten, den Zusammenbruch der geltenden Gesellschaftsordnung herbeizuführen.

Schaffner tat sich schwer. Als unpolitischer Nichtzürcher fehlte ihm das Hintergrundwissen und ein Stück weit auch das Interesse.

Seine Einarbeitungszeit endete abrupt: Am 30. Mai 1980 versammelten sich Hunderte von Jugendlichen vor dem Opernhaus, um gegen den Kredit von sechzig Millionen zu protestieren, mit dem die Stadt das Haus sanieren wollte. »Sechzig Millionen für eine bürgerliche ›Hochkultur‹ – kaum Geld und kein Raum für uns, für unsere Musik«, beklagten sie sich. Pflastersteine und Baulatten flogen gegen Schaffners Kollegen, die Demonstrierenden erhielten schnell Zulauf ... Völlig unerwartet war der »Opernhauskrawall« über die Stadt hereingebrochen. Zürich befand sich im Schockzustand. »Züri brännt!«, tönte es durchs Land und bald auch über die Grenzen hinaus, an der Stampfenbachstrasse stand man ratlos vor all den Fichen, die man jahrelang in mühsamer Kleinarbeit erstellt hatte.

Eine erste Bestandsaufnahme am Morgen nach der ersten Krawallnacht las sich wie ein Rapport aus einem Kriegsgebiet: Dutzende zerstörter Schaufensterscheiben, Plünderungen, siebzehn Verhaftete; zehn verletzte Polizisten und eine unbekannte Zahl lädierter Demonstrantinnen und Demonstranten. Der Chef der Stadtpolizei im Kreis 1 war an einem Herzversagen gestorben.

Während Zürich in den folgenden Wochen und Monaten weiter im Tränengas erstickte, während Gummigeschosssalven durch die Strassen flogen und es in gewissen Quartieren aussah wie nach einem Bombenanschlag, ging es im KK III zu und her wie in einem Bienenstock. Das hatte niemand kommen sehen. Nichts hatte auf einen Aufstand der Jugend hingedeutet, niemand hatte mit dieser Heftigkeit, dieser Vehemenz gerechnet. Schnell war klar: Im »Pentagon« wusste man trotz allen staatsschützerischen Aktivitäten nichts über diese Szene da draussen. Ein paar Köpfe aus den 68er-Unruhen waren namentlich bekannt, aber wer waren all diese jungen Leute, manche erst fünfzehn, sechzehn Jahre alt? Wer führte sie an? Jemand musste in den Kopf dieses Monsters vorstossen, sein Gehirn finden.

## Steff Fischer,
Bewegter, heute CEO einer Immobilienfirma

In den Achtzigerjahren hat Steff Fischer Häuser besetzt, heute ist er CEO eines Immobilienunternehmens. Kürzlich musste er zum ersten Mal ein besetztes Haus räumen lassen. Trotzdem, sagt er, sei die Schaffung verschiedener Wohn- und Lebensformen für Menschen unterschiedlichster Couleur immer noch ein wichtiger Antrieb für ihn. Fischer lädt mich in seine Büroräumlichkeiten in der Nähe des Stauffachers ein. Über seine Zeit als Bewegter spricht er offen und gern.

Die Achtziger-Unruhen waren in erster Linie ein Kulturkampf. Das kann man sich heute kaum mehr vorstellen, aber davor war Zürich extrem jugend- und jugendkulturfeindlich, und auf dem Land, wo ich aufgewachsen bin, war alles noch schlimmer. Allein dadurch, dass ich mir die Haare wachsen liess und Beatmusik hörte, wurde ich im Dorf zum Aussenseiter. »Moskau einfach!«, rief man mir zu und: »An die Wand mit dir, du Hippie!« Ich bin, wie viele andere meiner Generation, mit einer gehörigen Portion Wut im Bauch in die Stadt gezogen.

Da sah es für Junge nicht viel besser aus, Treffpunkte gab es damals kaum, alles Geld, das für Kultur gesprochen wurde, floss in etablierte Institutionen. Auf unsere Forderung, Veranstaltungsorte für Junge zu schaffen, entgegnete der damalige Stadtpräsident Sigmund Widmer, Rockmusik sei keine Kultur, sondern Lärm.

Das städtische Jugendhaus Schindlergut war einer der wenigen Treffpunkte für Junge. Als 1978 auch dieses von der Polizei geräumt wurde, war unsere Frustration riesig. Relativ erfolglos versuchten wir während anderthalb Jahren, mit kleineren Aktionen und Plakaten, die wir mit Fischkleister irgendwo hinklebten, Druck auf die Stadt auszuüben, uns im Gegenzug zum Schindlergut die Rote Fabrik zu überlassen. Unter anderem organisierten wir am 30. Mai 1980 eine Demo, die vors Opernhaus führen sollte. »Wir sind die Kulturleichen der Stadt«, stand auf unseren Transparenten. Der Demo waren zähe und heftige Diskussionen vorausgegangen, ein Teil unserer Gruppe – auch ich gehörte dazu – hatte die Idee, sich als »Leichen« auf die Treppe des Opernhauses zu legen und die Besucherinnen und Besucher in ihren edlen Roben zu zwingen, über den Menschenteppich von Kulturleichen hinwegzusteigen. Aber natürlich gab es auch eine militantere Fraktion, die sich weigerte, sich vor diesen Bonzen auf den Boden zu legen. Als wir schliesslich an diesem Samstag, noch ohne eine klare Entscheidung gefällt zu haben, Richtung Opernhaus liefen, war ich enttäuscht. Keine 200 Leute waren gekommen, eine Minidemo…

Vor dem Opernhaus angekommen, legte sich niemand auf den Boden, denn aus dem Opernhaus kam eine ganze Horde Polizisten, bewaffnet mit Schildern und Schlagstöcken. Wir waren völlig überrumpelt. Dann sah ich aus dem Augenwinkel, dass einer von uns eine rot-weisse Baulatte Richtung Polizei warf. Niemand wurde getroffen, aber ich wusste im selben Moment, dass die Idee mit dem Menschenteppich gestorben war. Die Polizei reagierte nicht sofort. Wir standen einfach da, riefen: »Scheiss-Schmier! Scheiss-Bonzen!« Was dann genau passierte, weiss ich bis heute nicht. Ich gehe davon aus, dass im Kino Le Paris ein Film zu Ende gegangen war, jedenfalls strömte aus dieser Richtung eine ganze Gruppe Jugendlicher und junger Erwachsener auf den Platz. Sie schlossen sich uns sofort an, einige begannen, ebenfalls Baulatten und Flaschen gegen die Polizei zu werfen. Es war, als ob ein Funke in ein Pulverfass gefallen wäre, Wildfremde stellten sich auf unsere Seite, ohne genau zu wissen, worum es überhaupt ging. Für uns, die Leute aus der Kerngruppe, die wir ein Stück weit die Themen gesetzt hatten, war die Unterstützung von so vielen uns Unbekannten die lang ersehnte Bestätigung, dass wir den Nerv getroffen hatten, dass wir nicht allein waren mit unserem Frust. Dann flog der erste Stein, und die Polizei schlug mit Gummischrot und Tränengas zurück. Immer mehr Jugendliche aus der ganzen Stadt fanden den Weg auf den Platz, später auch Hunderte, die vorher am Bob-Marley-Konzert gewesen waren. Es gab eine regelrechte Schlacht. Ich war absolut fasziniert, ich wusste schon damals, dass das ein historischer Moment war, ein Abend, der in die Geschichte eingehen würde. Noch am selben Abend riefen wir zur nächsten Versammlung auf, und von da an war die Bewegung nicht mehr zu stoppen.

*Fortsetzung auf Seite 105*

## Daniel Benz,
Jungrevoluzzer, heute Redaktor beim
»Beobachter«

»Get up, stand up!«, sang Daniel Benz, damals sechzehnjähriger Gymnasiast, am 30. Mai 1980 mit Tausenden anderen am Bob-Marley-Konzert im Hallenstadion. Der Gig war seit Wochen ausverkauft, 10 500 Leute drängten in den Saal, die Luft war geschwängert vom Rauch von beinahe ebenso vielen Joints. Um 20 Uhr 50 endlich die Ansage: »All the way from Trenchtown, Jamaica – Bob Marley and The Wailers...« Ein Fest. Als Marley die letzten Töne des legendären Konzertes ins Mikrofon hauchte, erklang an den Tramhaltestellen draussen bereits die Durchsage: »Der Verkehr am Bellevue ist wegen Unruhen blockiert.« Benz und seine Freunde waren wie elektrisiert. Als ich ihn 35 Jahre später in der Zürcher Bar El Lokal treffe, erinnert er sich genau.

Wir waren in Festlaune, neugierig und stiegen sofort ins nächste Tram Richtung Innenstadt. Dort angekommen, reihten wir uns ein in einen Strom von anderen Konzertbesuchern und Jugendlichen, die von überall her Richtung Bellevue strömten. Wir hatten keine Ahnung, worum es ging, aber wir spürten, dass es etwas Grosses sein musste. Als wir vor dem Opernhaus ankamen, waren wir überwältigt: So viele junge Leute, aber auch so viele Polizisten in Kampfmontur. Der Nervenkitzel und die Neugierde waren grösser als die Angst, wir waren bekifft, in Feierlaune, und die Stimmung auf dem Platz war unglaublich kreativ, kämpferisch. Dass man den Reichen für ihre Kultur so viel Geld ins – 'tschuldigung – Füdli stopfte und wir nicht einmal Proberäume fanden für unsere Schülerbands, das war damals schon ein Thema für uns. Obwohl ich nicht politisch engagiert war, war ich sensibilisiert, vor allem durch einen progressiven Geschichtslehrer am Gymnasium, der mit uns über Bob Marley sprach, über John Lennon und Bürgerproteste. An diesem Abend auf dem Opernhausplatz machte das alles plötzlich Sinn – wir waren Teil des Widerstandes, und wir standen auf der richtigen Seite.

Zu Hause erzählte ich von all dem nichts. Wohlweislich. Ich kann bis heute nicht sagen, ob meine Eltern wussten, dass ich Teil der Bewegung war. Sie haben nie Fragen gestellt, was ich sehr schätzte, denn so zwangen sie mich nicht, sie anzulügen. Wenn wir gemeinsam vor dem Fernseher sassen, Bewegte über dem Kopf von Erziehungsdirektor Alfred Gilgen Gurken schnetzelten, regten sich meine Eltern tierisch auf, und ich schwieg. Wir lebten eine Art unausgesprochenen Waffenstillstand. Rückblickend finde ich, wir haben das sehr souverän gelöst.

Jeden Samstag ging ich fortan mit meinen Schulkameraden nach Zürich, um an den grossen Demos teilzunehmen, die Vollversammlungen liessen wir weg, das war uns alles viel zu dogmatisch, zu abstrakt. Wir hörten Radio 24, debattierten, feierten. Jedes Mal wagten wir uns ein wenig weiter vor im Demonstrationszug. Unser Feind war die Polizei, diese

Typen in Vollmontur, die dich grundlos mit Stockschlägen eindeckten, mit Gummischrot beschossen, dir aus dreissig Zentimetern Abstand Tränengas ins Gesicht spritzten, obwohl du nie etwas kaputt gemacht hast. So etwas hatten wir vorher noch nie gesehen, nicht einmal im Fernsehen. Wir verstanden das als Aufforderung zum Kampf – und wir nahmen sie gern an.

Gegen die Gummigeschosse besorgte ich mir eine alte, speckige Lederjacke. Ich trug sie – zur Verwunderung meiner Mutter – ab sofort immer, auch im Hochsommer. Wir lasen alles, was verteilt wurde an den Anlässen, einmal auch ein Flugblatt, auf dem stand, dass die Zürcher Polizei Gummigeschosse mit Metallkern einsetze – das sagenumwobene »Modell Belfast«. In der Schweiz verboten. Für mich und meine Freunde war sofort klar, dass es unsere Aufgabe war, hier Licht ins Dunkel zu bringen. Nach der nächsten Strassenschlacht sammelten wir liegen gebliebene Geschosse ein und sägten sie später im Hobbykeller des Vaters einer unserer Freunde auf. Tatsächlich stiessen wir im Kern eines Geschosses auf einen Stift aus Metall. Ein Skandal!

Nach einer längeren Diskussion beschlossen wir, die Medien zu informieren. Die einzige Zeitung, die für uns halbwegs infrage kam, war der »Tages-Anzeiger«. Ganz Jungrebellen mit Flaumschnauz, schrieben wir ein Couvert mit »Tages-Anzeiger, Zürich« an – ohne Absender, ohne Kommentar – und legten das aufgeschnittene Geschoss hinein. Das Couvert steckten wir nach Einbruch der Dunkelheit klandestin in den Briefkasten der Redaktion. Jeden Tag rannten wir danach zum Kiosk, kauften die Zeitung. Jeden Tag nichts, nichts und wieder nichts.

Wir waren ungeheuer enttäuscht, fühlten uns in unseren

Vorurteilen Journalisten gegenüber bestätigt. Über den Skandal, den wir aufgedeckt hatten, schrieb niemand, dafür gab die Zeitung regelmässig Polizisten eine Plattform, die sich beklagten, sie müssten wegen der Chaoten jedes Wochenende arbeiten und hätten kein Familienleben mehr. Wegen uns. Ich würde lügen, wenn ich behauptete, das hätte uns nicht motiviert.

## Res Strehle,
Alt-68er, Journalist, promovierter Ökonom und pensionierter Chefredaktor des »Tages-Anzeigers«

Res Strehle gehörte 1981 zu den Gründern der »Wochen-Zeitung«, WoZ. 1998 begann er als Wirtschaftschef bei der »Weltwoche«. 2013 warf ihm ebendiese Zeitung vor, er habe in den Achtzigerjahren Kontakte in die Szene des militanten Linksextremismus gepflegt. Ursprung der Artikelserie, die nach Strehles Ernennung zum Chefredaktor des »Tages-Anzeigers« erschien, war ein Foto aus dem Zürcher Polizeiarchiv. Es zeigt Strehle im Jahr 1984 bei seiner Verhaftung nach der Räumung der Häuser an der Badenerstrasse. Der Kommandant der Zürcher Stadtpolizei entschuldigte sich später bei Strehle für das Leck in seinem Korps und schenkte ihm einen Schlüsselanhänger, an dem kleine Handschellen hingen. Ich treffe Res Strehle in der Cafeteria des Verlagshauses der Tamedia AG, direkt am Stauffacher.

Mein persönlicher Achtziger-Aufbruch begann bereits zwei Monate vor den Opernhauskrawallen mit der Organisation einer Party in der Roten Fabrik. Das Motto hiess »Em Tüüfel ab em Charre gheit«. Ich war 29, hatte in St. Gallen doktoriert und engagierte mich erst seit kurzem in Zürich. In der Aktionshalle der Roten Fabrik sollten alle zusammenkommen, die nicht reinpassten in die damalige Gesellschaft: Behinderte, Schwule, Feministinnen, Hippies. Wir wurden total überrannt, Tausende kamen. Ein lebendiges, schönes Fest mit vielen spontanen Aktionen. Im Lauf des Abends begannen einige Gäste, das Warenlager einer Boutique im oberen Stock der Fabrik auszuräumen. Plötzlich standen die schrägen Vögel in brandneuen Jeans und Jacken da, trugen teure Marken-T-Shirts. Für uns wurde an diesem Abend klar, dass es so etwas wie eine Stadtbewegung gab, dass da Leute wie wir waren, die keine Lust mehr hatten auf die kleinbürgerlichen Normen, die Zürich dominierten.

Dass wir bei all unserem Tun von der Polizei überwacht wurden, war uns immer klar. Mit der Zeit kannte man die Köpfe der »Zivis«, aber Willy Schaffner fiel mir nie auf. Damit, dass sich ein Polizist so weit in der Szene integrieren könnte, haben wir damals nicht gerechnet. Nicht einmal ich, der hätte gewarnt sein müssen, hatte ich doch bereits in den Siebzigerjahren einen Spitzel des privaten Staatsschützers Ernst Cincera erlebt, der das »Demokratische Manifest« infiltrierte: Der Mann hütete damals mit mir zusammen eine Ausstellung auf dem Zürcher Hechtplatz über die Berufsverbote an den Schulen nach 1968. Dass er uns nur ausspionieren wollte, wurde erst klar, als er auffog.

Die Stimmung in der Achtziger-Bewegung war anders. Während 1968 hauptsächlich Studenten und Intellektuelle aktiv waren, tat sich im Sommer 1980 ein wilder Haufen zusammen: »Restbestände« der 68er-Bewegung, Leute aus der Gay-Initiative, der Frauenbewegung, der Lateinamerika-Solidarität, Kulturschaffende und gänzlich Unpolitische, Lehrlinge, Arbeitslose und Sozialtätige. Die Bewegung war von Anfang an äusserst kulturaffin, hat viel angestossen, in der Musik, in der Kunst, im Film, im Layout, in der Sprache. Wir haben Konzerte organisiert, ich schrieb für die Bewegungszeitung »Eisbrecher«; vieles, was wir machten, war ironisch, frech, bisweilen dadaistisch. Die Achtziger-Bewegung stellte alles infrage. Mir, der ich phasenweise zu Dogmatismus neigte, hat das gutgetan.

Ohne Folgen blieben unsere Aktionen natürlich nicht: Im Herbst 1980 wurde ich zum ersten Mal verhaftet. Ich hatte ein Plakat gestaltet – ein Bild des Dokumentarfotografen Hans Staub, das Flosse auf der Sihl zeigte, darunter der Text: »Fröhliche Weihnachten an der Bahnhofstrasse«. Das Plakat rief zur Demo am 24. Dezember 1980 für das Autonome Jugendzentrum AJZ auf. Wenige Tage vor dem geplanten Protest zog ich nachts los und klebte das Plakat mit Fischkleister am Kunsthaus fest. Ich wurde prompt erwischt. Bei der nachfolgenden Hausdurchsuchung beschlagnahmte die Polizei die Adressliste der »Eisbrecher«-Redaktionsmitglieder, mehr fanden die Beamten nicht. Es kam trotzdem zum Prozess, der Anklagepunkt lautete: Sachbeschädigung mit Fischkleister. Der Verhandlung blieb ich fern und wurde in Abwesenheit zu sieben Tagen bedingt verurteilt. Die Lektüre des Urteils, das mir schriftlich zugestellt wurde, war eine Überraschung: Im Gerichtsurteil wurden mir idealistische Motive zugebilligt. Da standen Dinge wie: »Der Angeklagte wollte mit seiner Aktion gegen die Kommerzialisierung von Weihnachten protestieren«, und: »Der Angeklagte handelte aus ehrenwerten Beweggründen«.

*Fortsetzung auf Seite 108*

43

# Feldarbeit

Zürich kam nicht zur Ruhe, Schaffners uniformierte Kollegen waren jeden Abend im Einsatz, all die Karteikärtchen in der Registratur halfen bei der Lösung des Problems nicht weiter. Im KK III herrschte akuter Informationsmangel. Irgendjemand musste da raus, ins Zentrum des Geschehens. Schaffner war mit seinen dreissig Jahren einer der jüngsten Mitarbeiter des KK III, trotzdem war er bereits an der oberen Altersgrenze, um als verdeckter Ermittler in die Szene geschickt zu werden und die dringend benötigten Informationen über die Rädelsführer dieses Aufstands zu besorgen. Die Zeit drängte, und Schaffner war bereit. Da es keine rechtliche Grundlage für die Insider-Einsätze gab, stützten sich seine Vorgesetzten auf die polizeiliche Generalklausel: »Aufrechterhaltung von Ruhe und Ordnung«.

»Rechtliche Dunkelgrauzone«, sagt der pensionierte Polizist heute kopfschüttelnd, damals habe ihn das nicht gekümmert. Er sah seine Chance, dem streng hierarchisch geführten Alltag des KK III entfliehen zu können, er sah das Chaos draussen und seinen Einsatz als Möglichkeit, etwas dagegen zu unternehmen.

Schaffner unterbricht seine Erzählung und ist plötzlich wieder ganz im Hier und Jetzt, in der Küche seines Holzchalets. Die Sätze, mit denen er seine Beweggründe zu erklären versucht, klingen ein wenig einstudiert. »Der Polizist verurteilt Sachbeschädigungen und physische Gewalt als Ausdruck politischer Forderungen, denn der Polizist ist vom Kern her ein ordnungsliebender Mensch«, sagt Schaffner. Das sei damals so gewesen und sei es heute noch. Ein Polizist möge es nicht, wenn Dinge nicht gesetzeskonform seien oder ohne Bewilligung geschähen. »Das Chaos ist ihm ein Gräuel.«

Schaffner war Polizist, die Bilder der Randale schmerzten ihn zutiefst. Der Auftrag, den die Vorgesetzten ihm und seinem Kollegen Walter Max Truniger mit auf den Weg gaben, lautete einmal mehr: »Gönd emal go luege.« »Feldarbeit« nannte sich im Polizeijargon das, was die beiden, die gleichzeitig losgeschickt wurden, leisten sollten: Flugblätter einsammeln, in günstigen Momenten einschlägige Plakate von den Wänden kratzen und als Beobachter in Zivilkleidung dabei sein, wenn irgendwo protestiert wurde.

Die Idee, Insider in die Szene einzuschleusen, war nicht ganz neu. Jedenfalls nicht für Truniger. 1974 war er als junger Polizeiaspirant bereits einmal zu einem Spitzeleinsatz in die besetzten Häuser an der Hegibachstrasse geschickt worden. Zwei Stunden später stand er wieder auf der Strasse, die Besetzer hatten ihm misstraut und ihn vor die Tür gesetzt. Gelernt hatte man aus dieser Erfahrung nicht viel, genaue Handlungsanweisungen, Verhaltenstipps oder gar eine längere Ausbildung fehlten auch diesmal. »Wir liefen einfach los, versuchten, uns selber zurechtzufinden«, erinnert sich Schaffner. Als am 28. Juni 1980 das Autonome Jugendzentrum, AJZ, an der Limmatstrasse eröffnet wurde, feierten die Polizisten inkognito mit, rafften Flugblätter zusammen, versuchten, sogenannte führende Köpfe auszumachen. Schon am 23. Juni lief Schaffner an einer Grossdemonstration mit, angeführt von einer Eselin und Pfarrer Sieber, jenem Mann, dem er als Streifenpolizist am Ulmbergtunnel eine Busse gegeben hatte.

Mit der Zeit verfestigte sich der Auftrag. Schaffner und Truniger, die »Zwillinge«, wie sie nach ihrer Enttarnung genannt werden

sollten, verbrachten gemeinsam ein paar Stunden ihres Arbeitsall-
tages an Veranstaltungen und kehrten danach in ihr normales
Polizistendasein zurück. Daneben waren sie angehalten, »verdächtige« Magazine zu lesen, einschlägige Radiosender wie Radio 24
und diverse Piratensender zu hören. Weiter sollten sie entsprechende Sendungen von in- und ausländischen Fernsehstationen
verfolgen und auswerten. Mehrere Empfangsgeräte standen in den
Büros an der Stampfenbachstrasse. Dass viele Journalisten, inklusive jene des Schweizer Fernsehens, mit den Kommunisten unter
einer Decke steckten, gehörte im KK III zum Allgemeinwissen.
Wie sonst war es zu erklären, dass man die Gruppe verkleideter
Jugendlicher in der Sendung »Telebühne« gewähren liess, als sie
über dem Kopf von Erziehungsdirektor Alfred Gilgen – unter dem
Motto »Macht aus dem Staat Gurkensalat« – eine Gurke rädelten?
Wie konnte es passieren, dass diese Chaoten den Moderator un-
gestraft mit Seifenblasen belästigten?

So war man im KK III zwar entsetzt, aber nicht wirklich überrascht, als Mitte Juli bekannt wurde, dass das Schweizer Fernsehen
wieder zwei Bewegten Zugang zu den Studios gewähren wollte –
und das nur wenige Tage nach einer Demonstration für die Am-
nestie von verhafteten Aktivisten, die mit schweren Strassenschlachten geendet hatte ... Schon eher wunderte man sich über
die Bereitschaft der »Bewegig«, jemanden in die Diskussionssen-
dung »CH-Magazin« zu schicken. Bisher hatte sich die Jugendbewegung konsequent geweigert, mit den Medien zu »kooperie-
ren«. Später würde der Geheimdienst erfahren, dass die Aktivisten
nur zugesagt hatten, weil die Sendung vom 15. Juli live ausgestrahlt
wurde. Schon kurz danach wurde allen klar, was hinter der vermeintlichen Kooperationsbereitschaft der Aktivisten steckte.

Noch sass man an der Stampfenbachstrasse in corpore vor dem
TV und wartete auf die Ausstrahlung des »CH-Magazins«.

»Guten Abend, liebe Zuschauer«, begrüsste um 23 Uhr der Moderator Jan Kriesemer die Schweiz. Im Studio: SP-Stadträtin Emilie Lieberherr, Hans Frick, der Chef des Zürcher Polizeiamtes, Polizeikommandant Rolf Bertschi, der Schaffner in der Polizeischule beigebracht hatte, wie das »Tenue korrekt« aussieht, und der Präsident der städtischen SP, Leonhard Fünfschilling.

Die versammelten Staatsschützer trauten ihren Augen nicht, als sie die beiden eingeladenen Szenisten sahen: ein adrett gekleidetes Pärchen, das sich als »Anna und Hans Müller« vorstellte. Die beiden mimten ein spiessbürgerliches Ehepaar, forderten ein hartes Durchgreifen gegen »dieses Chaotenpack«, schlugen vor, das autonome Jugendhaus AJZ plattzumachen und die »Haschisch-Fixer«, die man darin vorfinden würde, einzusperren. Später präsentierten die beiden eine CB-Nervengas-Patrone und Gummigeschosse, die sie an den Demonstrationen eingesammelt hatten, und beschwerten sich, dass man keine wirksameren Mittel einsetze, Napalm zum Beispiel. Ihre Gesprächspartner schwankten zwischen Verblüffung und Verärgerung. Stadträtin Emilie Lieberherr schien als Erste zu realisieren, dass hier etwas nicht stimmte.

Im KK III brodelte es bereits. »Eingreifen, gopfertami!«, rief einer der Beamten, »Sofort abbrechen!«, der nächste. Andere waren aufgestanden, gingen nervös hin und her und blickten ungläubig Richtung Bildschirm.

Im Studio beklagten inzwischen Bertschi und Frick das gewalttätige Vorgehen der Demonstranten, präsentierten ein Flugblatt. Bertschi betonte nicht ohne Stolz, dass dieses Flugblatt nur im Innern des AJZ erhältlich gewesen sei. Schaffner wusste sofort, wo es gelegen hatte. »Die Personen, über die wir hier sprechen, sind äusserst militant«, sagte Bertschi und las ein paar besonders angriffige Stellen aus dem Flugblatt vor. Schaffner wunderte sich, dass es das Flugblatt, das er hatte mitlaufen lassen, bis in die Hände des Kommandanten geschafft hatte, und es wäre gelogen, zu behaupten, er sei nicht ein wenig stolz gewesen.

Die Diskussion im Fernsehstudio lief immer mehr aus dem Ruder. »An die Wand stellen!«, forderte »Herr Müller«, und »Frau Müller« schrie: »Ins KZ mit diesen Jugendlichen!«

Im KK III war man geschockt, man fühlte sich aber auch bestätigt. Diese Sendung war der ultimative Beweis für das längst Vermutete: Das Schweizer Fernsehen steckte mit diesen Aufwieglern unter einer Decke.

Schaffner war entsetzt und wütend, vor allem, als er später auf der Gasse hörte, dass die Bewegung die Sendung als durchschlagenden Erfolg feierte. Sie hatten die Polizei vor der ganzen Nation lächerlich gemacht. »Müllern« nannten die Jugendlichen es von nun an, wenn sie jemanden an der Nase herumführten.

Mit seiner Empörung war der junge Polizist nicht allein, bürgerliche Kreise protestierten heftig, und in einer offiziellen Mitteilung des Stadtrates veröffentlichten Frick und Bertschi die echten Namen der Müllers. Für beide blieb ihr Auftritt nicht ohne Folgen: »Anna Müller« wurde vom »Blick« regelrecht an den Pranger gestellt, »Herr Müller« gar für vierzehn Monate ins Gefängnis gesteckt.

Drei Tage nach der Sendung lud die Bewegung zur Pressekonferenz. Zehn in Müller'scher Manier gekleidete Jugendliche sassen da und sagten nichts. Sie müllerten. Sollte Schaffner jemals Zweifel gehabt haben, ob es richtig war, was er tat – diese Aktion beseitigte sie. Man durfte diese Leute nicht einfach machen lassen. Er hatte dazugelernt. Bevor er sich auf den Weg zu Demonstrationen oder Versammlungen machte, montierte er jetzt das sogenannte Räubertenue: zerknitterter Parka, Jeans und alte Turnschuhe, den Dienstausweis und das Funkgerät liess er daheim.

Eine kluge Entscheidung, denn bereits bei einer der ersten

nächtlichen Demonstrationen, die er besuchte, wäre er fast aufgeflogen. Aus den Musikboxen, die die Demonstranten auf einem
Kinderwagen mit sich zogen, dröhnten Peter Tosh und Bob Marley, die Leute tanzten, sangen mit. Plötzlich, für Schaffner ohne
erklärbaren Grund, umringten ihn ein Dutzend Szenisten. »Das
ist eine Spitzelsau!«, keifte einer, »Du Zivi-Schwein!«, ein anderer,
der ihm bereits gefährlich nahe stand und aus dem Mund nach
Alkohol und selber gedrehten Zigaretten roch. »Durchsucht ihn!«,
befahl ein Dritter. Schaffner stand einfach da, atmete flach, sein
Herz raste. »Spinnt ihr?«, sagte er schliesslich und brachte eine
etwas wirre Erklärung dafür hervor, warum er kein Spitzel sein
könne. Zwei Demonstranten packten ihn an den Schultern, zwei
zogen ihm die Jacke aus, tasteten ihn am ganzen Körper ab. Als sie
keinen »Ohrenmüggler« und kein Funkgerät fanden, liessen sie,
ohne weitere Worte, von ihm ab.

Schaffner zog, wie er sagt, seine Lehren. Er beschloss, weiter an
seinem Look zu arbeiten. Sein damaliges Aussehen sei trotz den
Jeans und den alten Turnschuhen alles andere als »szenistenhaft«
gewesen, sagt er. Fortan rasierte er sich nicht mehr, liess sich die
Haare wachsen und achtete darauf, dass die Knie und der Hosen-
boden seiner Jeans stets ausgebeult waren. In einem Optikerge-
schäft besorgte er sich eine schwache Lesebrille mit Nickelrand, sie
sollte ihm einen intellektuellen Touch verleihen. Die Freunde
»hinten« im Urner Oberland freuten sich, dass der nach Zürich
Ausgewanderte so bodenständig blieb und es nicht nötig hatte,
einen auf Städter zu machen. Leute aus dem weiteren Umfeld tu-
schelten, der Schaffner sei bei der Polizei entlassen worden und
verwahrlose zusehends.

Wenn er in Zürich unterwegs war, sammelte er weiterhin alles,
was ihm in die Finger kam: Flugblätter, Veranstaltungsflyer und
Magazine. Das Material und seine Protokolle lieferte er ordnungs-

gemäss in der Zentrale ab. Plötzlich wusste man dort, wann die nächste Vollversammlung stattfinden würde, wann die nächste Demo. Je mehr Schaffner brachte, umso grösser fiel das Lob aus. Rückblickend beschreibt er seine damaligen Gefühle als »gemischt«. Der Wunsch, den Job gut zu machen, sei da gewesen, aber gleichzeitig auch die ständige Angst, erkannt zu werden und aufzufliegen.

## Sibesiech

Es ist eine grosse Ambivalenz zu spüren, wenn Willy Schaffner von der Zeit im KK III erzählt. Einerseits sagt er Dinge wie: »Man kann das Rad nicht zurückdrehen«, oder: »Heute würde ich mich anders entscheiden, der Preis ist zu hoch, vor allem menschlich.« Wenige Minuten später dann: »In den Jahren 80/81 waren die Insider sehr erfolgreich. Was wir geliefert haben, war in dieser Zeit für den Staatsschutz einfach sensationell.«

Der äussere Feind verband, man kam sich im KK III auch menschlich näher. Schaffner begann, mit Freunden aus dem Geheimdienst in die Ferien zu fahren. »Überlebenswoche« nannten sie diesen Urlaub. Die Männer zogen los in den Jura, an die Ardèche, nur mit Zelt, Sackmesser und einer Notration Essen im Gepäck. »Ich musste zwischendurch ausloten, was ich aushalten kann«, sagt Schaffner. Die Parallele zu seiner Kindheit und Jugend zieht er selber nicht.

Ein paarmal gingen die Übungen fast in die Hose: Einmal gerieten zwei seiner Freunde beim Bad in der Ardèche in eine heimtückische Unterströmung, Schaffner konnte sie kurz vor dem Ertrinken aus dem Wasser ziehen; ein andermal erfror die ganze Gruppe fast beim Zelten im winterlichen Jura, und ein drittes Mal marschierte man im Nebel in den Urner Bergen bis zur Erschöpfung im Kreis.

In Zürich entwickelte der Polizist seine Insider-Figur Schritt für Schritt weiter. »Mit gütiger Unterstützung der Vorgesetzten«, wie er sagt. KK-III-Chef Heinz Niederer sei überzeugt gewesen, mit den Insidern das ideale Mittel gefunden zu haben, die Chaoten zu besiegen.

Zweifel kamen gar nicht erst auf, denn Niederer, so Schaffner, habe keinerlei Widerspruch geduldet, von niemandem. Die Insider erklärte er von Anfang an zur Chefsache. Auf kritische Fragen habe Niederer völlig unbeeindruckt reagiert. »Da draussen warten vier andere, die gern im Staatsschutz arbeiten würden«, lautete seine Standardantwort auf unliebsame Fragen.

Schaffner genoss durch seine Arbeit eine gewisse Bewunderung. Finanziell zahlte sich der 24-Stunden-Job allerdings nicht aus, abgesehen von ein paar kleineren Boni gabs nicht mehr Lohn. Mit rund 5000 Franken monatlich verdiente er gleich viel wie die Kollegen im Innendienst. Nur bei den Spesen war man ein bisschen grosszügiger – viele Jahre später wird eine Untersuchungskommission des Zürcher Gemeinderates aufdecken, dass diese Spesen aus einer »schwarzen Kasse« des Bundes beglichen worden waren.

Die Botschaft, die schon wenige Wochen nach Einsetzung der Spitzel aus der Chefetage des KK III kam, war eindeutig: Die Insider-Tätigkeiten sollten verstärkt werden, die Präsenzzeiten verlängert. Die Einsätze waren für alle Neuland, und die Leitung des KK III war froh, dass die verdeckten Ermittler die Dinge ein Stück weit selber in die Hand nahmen. Schaffner ging mit seinem Alias einen Schritt weiter: Im September 1980 mietete er die Wohnung, in der bis dahin sein jüngerer Bruder Albert gewohnt hatte. Albert, der mit Alkoholproblemen zu kämpfen hatte, hatte seine Stelle als Briefträger verloren und damit die Berechtigung, in diesem Studio im Postwohnheim an der Badenerstrasse 285 zu wohnen. Da Schaffner in den letzten Monaten mehrfach versucht hatte, seinem Bruder zu helfen, kannte er die betagte Vermieterin bereits, und sie willigte ein, ihm das Zimmer im älteren Mehrfamilienhaus zu überlassen. Schaffner bat die Frau, den Vertrag auf sein Pseudonym »Willi Schaller« auszustellen.

Margrith Hobi, die Tochter der Wirtin, mit der sich der Urner jetzt regelmässig unterhielt, wenn er auf dem Heimweg im Café Peter in Gockhausen haltmachte, merkte, worauf sich Willy einliess. »Das wird sich einmal rächen«, sagte sie zu ihm, und immer wieder: »Denkst du auch daran, was sein wird, wenn dieser Einsatz einmal beendet ist?« Ihre Kritik perlte am Polizisten ab wie Wassertropfen auf Ölzeug. »Was verstehst du schon von meiner Arbeit?«, sagte er, und sie entgegnete: »Wie kann man nur so einen ›Seich‹ machen und dann noch das Gefühl haben, man sei ein ›Sibesiech‹?«

Den Briefkasten seiner neuen Alias-Wohnung schrieb Schaffner mit Willi Schaller an, auch die Klingel. In Zürich anmelden konnte er sich als Schaller nicht. »Da es in unserem Rechtsstaat den eigentlichen Spitzel gar nicht gibt, war eine offizielle Anmeldung im Stadthaus nicht möglich«, schrieb Schaffner in seinem Abschlussbericht über die Zeit als Spitzel. Zum ersten Mal nach über dreissig Jahren hat er diesen Bericht hervorgenommen. Er legt das Dokument mit dem liebevoll gestalteten Deckblatt vor mir auf den Küchentisch. Noch liegt seine Hand schützend auf dem Plastikeinband. Schaffner zögert einen Moment, bevor er den Bericht über den Tisch schiebt: Darf ich das? Will ich das wirklich? Werde ich mit dem Erzählen meiner Geschichte Leute vor den Kopf stossen, jemanden verletzen? Diese Fragen stehen immer im Raum, hier in Gurtnellen, und so wird es auch später sein, bei unseren weiteren Treffen in Winterthur. »Es werden nicht alle Freude haben an diesem Buch«, sagt Schaffner regelmässig, mehr zu sich selber als zu mir. »Aber es ist mir wichtig, abschliessen zu können, und ich hoffe, das Buch hilft mir dabei.«

Dem neu erschaffenen Willi Schaller fehlten der Schriftenempfangsschein, die AHV-Karte und die Anmeldung bei der Steuerbehörde. Trotzdem gelang es ihm problemlos, einen Telefonanschluss zu bestellen. »Die Installation eines Telefonapparates war reine Formsache und bereitete keinerlei Schwierigkeiten«, steht in Schaffners Bericht. Kurz nach der Bestellung erschien der Alias-Name auch im Telefonbuch.

In der Szene gehörte der im Vergleich zu den anderen schon etwas ältere Innerschweizer, der an den verschiedensten Anlässen teilnahm und sich tagsüber in einschlägigen Lokalen rumtrieb, bald irgendwie dazu. Anfang September 1980 demonstrierte er mit, als 200 militante Aktivisten gegen die Schliessung des autonomen Jugendhauses protestierten, Steine und Bierflaschen gegen Uniformierte schmissen, denen nichts anderes übrig blieb, als im Innern des Jugendhauses Schutz zu suchen. Um 5 Uhr 15 waren die Kollegen der Stadt- und Kantonspolizei gemeinsam ins AJZ eingedrungen und hatten eine Razzia durchgeführt. 137 Leute waren verhaftet, Drogen, Waffen und Diebesgut sichergestellt worden. Das AJZ wurde auf der Stelle geschlossen.

Gab es bei Schaffner auch Momente, in denen er die Wut der Jugendlichen nachvollziehen konnte, ihre Forderung nach Freiräumen verstehen? »Nicht zu jener Zeit«, sagt er, ohne lange nachzudenken, »ich war auf der anderen Seite, und ich vertrat diese voll und ganz.«

Einen Monat später wurde es einmal mehr heikel für den Spitzel: Schaffner wurde zusammen mit Bewegten auf der Pestalozziwiese eingekesselt und zwecks Überprüfung der Personalien ins Detektivbüro gebracht. Erst dort konnte er seine Situation erklären. In der Szene bekräftigte dieser Vorfall seine »Sauberkeit«. Fast gleichzeitig wurde seine neue Identität auch amtlich bestätigt. »Im Oktober 1980 kam ich in den Besitz einer auf meinen Alias-Namen lautenden Identitätskarte«, hielt Schaffner fest. Nur ungern spricht er auch mehr als dreissig Jahre später über den Graubereich, in dem sich das KK III mit dem Einsatz von Insidern bewegte. Seine Aussagen bleiben vage. »Ich will niemanden anschwärzen«, sagt er – ich kann ein Schmunzeln nicht unterdrücken –, ausgerechnet er. So viel erfahre ich dann doch: Es war ein dem KK III geneigter Zivilstandsbeamter, der den Ausweis ausgestellt hat. Schaffners Vorgesetzte segneten das Vorgehen ab. Was immer er getan habe, es sei nie etwas ohne Billigung von oben geschehen, sagt der pensionierte Polizist. Dann fügt er an: »Das KK III brachte so manch korrekten Beamten dazu, Dinge zu tun, die er sonst niemals getan hätte.« Er fühlt sich diesen Helfershelfern bis heute verbunden. Hatten sie, genau wie er, nicht einfach gemacht, was man von ihnen verlangt hatte?

Im selben Monat, in dem Willi Schaller zum amtlich verbrieften Bürger wurde, zündeten Bewegte in Zürich zweimal ein Holzlager von Baufirmen an. Sachschäden in Millionenhöhe entstanden. In Basel gelang es der Polizei gerade rechtzeitig, eine Bombe zu entschärfen, die Aktivisten an der Gartenbauausstellung Grün 80 unter einem riesigen Dinosauriermodell platziert hatten. Schaffner hatte Flugblätter ergattert, auf denen sich Bewegte zu den Anschlägen bekannten. Zum ersten Mal erlebte er, dass Aktionen zu heftigen Diskussionen innerhalb der Szene führten. »Nur wenn wir Gewalt anwenden, hört man uns zu«, sagten an einer Vollversammlung in der Roten Fabrik die einen, die anderen bestanden darauf, dass Gewalt nie ein Mittel sein dürfe, um politischen Anliegen Nachdruck zu verleihen. Der Polizist hörte zu und schwieg. Ausgerechnet an der nächsten Demo aber ging er einen Schritt weiter: »Zur Stärkung der Glaubwürdigkeit« liess er – als Willi Schaller – eine Knallpetarde explodieren.

Wenn tagsüber nichts lief, zog er sich manchmal in Lokale im »sicheren« Zürcher Kreis 1 zurück. Hier fühlte er sich unbeobachtet, konnte in Ruhe das eine oder andere lesen, Notizen machen.

An einem besonders trüben und kalten Nachmittag im November lernte er in der Pumpi-Bar im Zürcher Niederdorf einen Typ kennen, der in Effretikon eine kleine Reinigungsbude führte. Schaffner sah in ihm die Chance, seinem Alias zu einem Job zu verhelfen. Nach einigen weiteren Treffen war er sicher, dass der Mann »politisch sauber« war. Er fragte ihn, ob er Unterstützung von einem Temporären brauchen könne. Der Typ nickte, steckte ihm eine Visitenkarte zu und sagte: »Ruf mich einfach an, wenn du Zeit hast.« Dieses fehlende Puzzleteil hatte ihn schon lange gestört, die oft gestellte Frage nach dem Beruf hatte ihn immer wieder in die Klemme gebracht. Ein paarmal hatte er sich als Künstler ausgegeben und einmal sogar die farbigen Neocolor-Bilder seiner Mutter mit sich herumgetragen; ein anderes Mal hatte er erzählt, er sei Gärtner, aber jetzt hatte Willi Schaller einen richtigen Arbeitgeber: »Korth Reinigung, Effretikon«. Oft tauchte er dort nicht auf, aber die Visitenkarte seines neuen »Chefs« trug er fortan gut sichtbar im Portemonnaie mit sich herum.

»Auf irgendwelche Art«, heisst es im Abschlussbericht, »kam ich im Herbst 1980 in den Besitz eines auf meinen Alias-Namen lautenden Führerausweises.« Auch hier war es ein befreundeter Beamter, der dem Kollegen einen leeren Ausweis besorgte und ihm beim Ausfüllen behilflich war. Ein entsprechendes Fahrzeug wurde erst später angeschafft. Trotzdem ging es Schaffner mit jedem gefälschten Ausweis, den er bei sich trug, besser. »Obwohl mir klar war, dass alles aufgeflogen wäre, wenn sich jemand von der Gegenseite die Mühe gemacht hätte, nachzuforschen, gaben mir die Papiere eine gewisse Sicherheit.« Wäre er einmal mehr »ausgesackt« worden, hätte er zumindest etwas vorzuzeigen gehabt.

Obwohl kein Ende der Proteste in Sicht war, spürte Schaffner zum ersten Mal seit dem Beginn seines Einsatzes so etwas wie Alltag. Die Angst, aufzufliegen, war nicht verschwunden, aber sie war nicht mehr allgegenwärtig. Er wusste inzwischen, wie er sich zu bewegen hatte, er hatte gelernt, wann und mit wem er reden konnte, und vor allem, wann er schweigen musste. An den Sitzungen und Versammlungen zum Beispiel. Seine Taktik war, zuzuhören, zu politischen Themen nur Stellung zu nehmen, wenn es sich nicht vermeiden liess, und den Kontakt zu Leuten zu suchen, die sich wie er eher am Rand der Szene bewegten. Wenn er in den Besitz von Broschüren und Magazinen kam, die ihm besonders militant erschienen, trug er sie mit sich herum und fragte ab und zu einen Aktivisten: »Was hältst du davon?«

Die Einarbeitungszeit schien langsam, aber sicher beendet. Der Polizist war in seiner neuen Rolle angekommen. Nur manchmal ging ihm sein Job auf die Nerven. Jetzt zum Beispiel. Es war kurz nach Mitternacht, Schaffner hatte es nach einem Abend im Kreis 4 wieder einmal für vertretbar gehalten, den Rapport in seinem Büro an der Stampfenbachstrasse zu schreiben. Der Kaffee, den er neben seine Schreibmaschine gestellt hatte, war dünn und lauwarm. Ein paar der Sätze, die an der Versammlung gefallen waren, und die er gern notiert hätte, fielen ihm partout nicht mehr ein, und Schaffner ärgerte sich über die Ereignisse des Vorabends. Hatte er den Kollegen nicht früh genug mitgeteilt, dass die 125-Jahr-Feier der ETH durch eine Aktion gestört werden würde? Trotzdem war es fast 150 Chaoten gelungen, den Fackelumzug der Studenten mit Knallkörpern und Trillerpfeifen zu belästigen und später die Festbesucher mit Eiern zu bewerfen. Einmal mehr waren die Radaubrüder unerkannt entkommen, hatten unterwegs Container angezündet, Autos zerkratzt und »Macht aus dem Staat Gurkensalat« auf Wände geschrieben. Daheim im Urnerland wäre so etwas undenkbar gewesen. Wenn Schaffner darüber nachdachte, wie schnell sich alles verändert hatte, fragte er sich, ob es die Welt, wie er sie kannte, in ein paar Jahren noch geben würde. Ein, zwei Stunden dauerte es nach solchen Einsätzen oft, bis er schlafen konnte. Manchmal half ein Bier, manchmal auch nicht. Es gab nur einen Ort, an dem er wirklich zur Ruhe kam: daheim im Urnerland, wo keiner wusste, was der Schaffner Willy im Unterland so genau machte.

## Schneebälle

Keine Woche später bahnte sich der nächste Eklat an. Die Botschaft der »Telefonzitig« – eine Art öffentlicher Telefonbeantworter, auf dem szenerelevante Nachrichten gespeichert wurden – war eindeutig: Am Abend des 3. Dezembers 1980 sollte im Kongresshaus eine Vollversammlung stattfinden – exakt dann, wenn auch ein Auftritt der Rockgruppe The Kinks angesagt war. Wenn man nicht reinkäme, lautete die Losung, würde man nachhelfen. Schaffner rief umgehend die Zentrale an. »Das gibt Lämpe«, warnte er. Es war wie immer, wenn sich Ärger abzeichnete: Der Polizist schwankte zwischen dem nicht unangenehmen Nervenkitzel und der lähmenden Angst, einen Fehler zu begehen und aufzufliegen. Er war rechtzeitig vor Ort, mischte sich unters Volk, unterhielt sich mit ein paar Bewegten, die er nicht näher kannte. Es war empfindlich kalt, seine brüchig gewordenen Lederschuhe versanken im Schnee. Als um neunzehn Uhr die Türen zum Saal geöffnet wurden, liessen die Türsteher nur jene ein, die ein Ticket hatten, die anderen schickten sie zur Kasse. Schaffner blieb draussen, versuchte, bekannte Gesichter auszumachen, rauchte. Noch erkannte er nur wenige. Dann erschienen die Ersten, von denen er in seinem Kopf Vor-, Nachnamen und Geburtsdatum gespeichert hatte. In seinem Rapport wird später stehen:»Bald bildeten sich grössere Gruppen, aus deren Gehabe ersichtlich wurde, dass sie nicht zu den Konzertbesuchern zu zählen waren.«

Bereits um Viertel nach sieben Uhr versuchten die ersten der Jugendlichen, den Eingang zur Vorhalle zu stürmen, aber die Türsteher des Kongresshauses drängten sie zurück. Eine halbe Stunde später hatten es dann doch rund fünfzig Bewegte in den Vorraum geschafft – sie waren durch den Lieferanten- und den Kücheneingang eingedrungen. Lauter Jubel drang nach draussen. Als im Saal The Kinks zu spielen begannen, versuchten die Vordersten, angefeuert von ihren Gesinnungsgenossinnen und -genossen, die Tür des Konzertsaals einzudrücken.

Draussen spürte Schaffner, dass es eng wurde. Der Kollege, der den Einsatz leitete, war alles andere als ein Hardliner, aber lange würde auch er dem Treiben hier nicht mehr zuschauen. Direkt neben dem Spitzel begannen Vermummte, auf die Eingangstür einzutreten.»Hau ruck«, schrien sie,»hau ruck!«Plötzlich, mit einem lauten Knall, gingen die Scheiben der Glastür zu Bruch. Einer der Typen hatte eine Plastiktüte angeschleppt – darin ein grosser Bleiklotz, den er gegen das Glas hatte prellen lassen.

In die Reihen der Uniformierten kam Bewegung. Plötzlich flog aus der Gruppe, in der auch Schaffner stand, eine leere Bierflasche in Richtung der Beamten, die an der Claridenstrasse seewärts standen. In den Akten jener, die später verzeigt werden, wird stehen: »Im Laufe dieser Aktionen wurde von einem Unbekannten eine Flasche gegen Polizeibeamte geworfen. Getroffen wurde dabei niemand. Es kam auch zu einzelnen Schneeballwürfen gegen die Polizei.« Um zwanzig nach neun griffen die Beamten ein. Schaffner stand mitten unter den Aktivisten, als die Polizei die ganze Gruppe einkesselte. Er hörte Schreie, sah, wie links und rechts von ihm Menschen an Haaren und Kleidern aus dem Pulk gezogen wurden. Zusammen mit vierzig anderen wurde auch er festgenommen. Die Kollegen der Uniformpolizei kannten ihn nicht, packten ihn unsanft am Arm und stiessen ihn in den Kastenwagen. Auf dem Revier nahmen sie ihm ab, was er bei sich hatte:

```
Wertsachen: 1 Uhr, Marke Buler
Weitere Gegenstände: 1 Feuerzeug,
1 Bund Schlüssel, Plastiksack Jelmoli,
1 Paar Lederhandschuhe und 1 Transistor-
radio Marke Carmen
```

Warum er damals ein Radiogerät bei sich getragen hat, weiss Schaffner heute nicht mehr. »Wahrscheinlich«, sagt er, »um die Berichterstattung der Piratensender verfolgen zu können.«

Die Anklage lautete: »Gewalt und Drohung gegen Beamte und Landfriedensbruch«.

Schaffner landete in einer Gemeinschaftszelle – unter anderen mit Fredy Meier, der im Sommer als »Herr Müller« das Schweizer Fernsehpublikum geschockt hatte. Es wurde laut diskutiert, wie man hier am besten wieder rauskomme und dass man wegen der ungerechtfertigten Verhaftung gegen die Bullen klagen werde. Erst als der Insider zur Befragung in den Verhörraum aufgeboten wurde, schaffte er es, die Sache aufzuklären und seine Entlassung zu verlangen. Sein Puls war auf 180, als er zu Fuss Richtung Badenerstrasse in seine Alias-Wohnung trottete. Das hätte schiefgehen können – und wie.

Am nächsten Morgen meldete er sich wie vereinbart telefonisch bei seinen Vorgesetzten und erfuhr, dass die meisten der Verhafteten immer noch in der Zelle waren. »Gopferteli«, fluchte er, »das fällt doch auf! Was soll ich erzählen, wenn mich auf der Gasse jemand fragt, wies gewesen sei in der Kiste?« Schaffner verlangte, sofort wieder eingesperrt zu werden. Man tat ihm den Gefallen. Den Leuten in der Zelle erzählte er, er sei zusätzlich wegen eines Autodiebstahls befragt worden und habe daher in einer Einzelzelle übernachten müssen. Niemand fragte nach, im Gegenteil, er spürte, dass diese Geschichte seine Position stärkte. Er gehörte jetzt zu den Militanteren.

Ein an diesem Abend ebenfalls festgenommener Jugendlicher wird später im »Tages-Anzeiger« berichten, er sei in dieser Nacht von den Beamten massiv eingeschüchtert worden. Man habe die Heizung in der Zelle abgestellt, das Fenster geöffnet und das Klappbett nicht heruntergelassen.

Schaffner sagt, er habe von dieser Geschichte nichts mitbekommen. Aber es sei schon so, dass es »andere Zeiten gewesen seien, eine Art permanenter Kriegszustand«. Die Stimmung sei enorm aufgeheizt gewesen – auf beiden Seiten. Wenn solche Dinge passiert seien, müsse man das aus heutiger Sicht bemängeln, fügt er an.

Nach dem Missgeschick mit Willi Schallers Verhaftung war man gezwungen, die Sache von offizieller Seite her konsequent zu Ende zu führen: Am 5. Januar erhielt Schaffner von der Bezirksanwaltschaft eine Vorladung, adressiert an Willi Schaller und seine

Alias-Adresse. Den sogenannten Verhaftsrapport, der auf den Namen Schaller Willi, kaufm. Angestellter ausgestellt wurde, liess Schaffner in seiner Alias-Wohnung offen herumliegen. Das Protokoll seiner Aussagen zu den ihm vorgeworfenen Straftaten endet wie folgt:

```
Ich möchte ausdrücklich erwähnen, dass ich
das Pop-Konzert besuchen wollte. Ich hatte
keine anderen Absichten. Die Methoden der
Polizei nehmen meiner Meinung nach immer
fragwürdigere Formen an. Weitere Angaben
mache ich nicht.
```

Schaffner erhielt wie alle anderen Angeklagten einen Musterbrief des Szene-Anwalts Marcel Bosonnet. Er sollte helfen, für die Nacht in der Zelle entschädigt zu werden. Schaffner brachte das Schreiben noch in der gleichen Nacht ins KK III.

Am 8. Januar 1982 wurde das Verfahren gegen Willi Schaller und die anderen Verhafteten mangels Beweisen eingestellt. Die Staatsanwaltschaft schrieb:»Der Flaschenwurf gegen die Beamten ist als Einzeltat einzuschätzen und kann nicht angelastet werden.« Zu den Schneeballwürfen entschied der zuständige Staatsanwalt wie folgt:»Was die Schneeballwürfe gegen Polizeibeamte betrifft, so kann dieses Verhalten allein unter den besonderen herrschenden Umständen nicht als Gewalt oder Drohung aufgefasst oder als tätlicher Angriff qualifiziert werden. Allein schon die Aussage des Zeugen Polizeibeamten B., er und die ihm unterstellten Polizeibeamten seien durch Zurufe aus der Menge aufgefordert worden, selber Schneebälle zurückzuwerfen, zeige, dass es den Schneeballwerfern wohl nicht in erster Linie um ein gewaltsames Vorgehen gegen die Polizeibeamten gegangen sei.«

## Weihnachten und ein Telefon

Willy Schaffner hatte schon längst nichts mehr, das den Namen »Privatleben« verdient hätte. Seit sechs Monaten war er als Insider unterwegs, sein letzter ruhiger Abend lag Wochen zurück. Jetzt stand Weihnachten vor der Tür, und der Polizist wünschte sich nichts sehnlicher, als heimzufahren ins Tal und mit Freunden und Familie zu feiern. Kerzenlicht statt Knallpetarden, Schinkli im Teig statt Tränengas und blaue Flecken von Gummigeschossen.

Die Aussichten waren schlecht: Die Bewegten forderten, dass das AJZ an Heiligabend geöffnet werde, aber der Stadtrat hatte bereits mehrfach verlauten lassen, dass er nicht daran denke, das Problemhaus ausgerechnet an Weihnachten zugänglich zu machen. Eigentlich hätte der Urner wissen müssen, dass er die Festtage wohl in Zürich zu verbringen hatte, aber eben, wie heisst es so schön? Die Hoffnung stirbt zuletzt. So war das auch bei ihm, der inzwischen zwei Leben lebte und das eine gern ab und zu vergessen hätte.

Seit Tagen war die Stimmung in Zürich aufgeheizt. Am 12. Dezember hatte sich eine 23-jährige Frau am Bellevue mit Benzin übergossen und angezündet. Man hatte einen Abschiedsbrief gefunden, in dem die junge Frau geschrieben hatte, wie wohl sie sich im AJZ immer gefühlt habe und wie schwierig die Schliessung für sie gewesen sei. Die Szene machte die Polizei für den Tod der jungen Frau verantwortlich. Das alles verstand Schaffner, aber dass die Chaoten bereits einen Tag nach diesem aufsehenerregenden Selbstmord die Eröffnung der »Kunstszene Zürich 1980« störten, ging ihm nicht in den Kopf. Gab es in diesen Kreisen keinen Respekt vor den Toten?

Inzwischen hatten sich Kirchenvertreter eingeschaltet. Sie versuchten, die Bewegung von einer Demo am 24. Dezember abzubringen und ihr im Gegenzug eine »friedliche!« Weihnachtsfeier in der Roten Fabrik schmackhaft zu machen. Schaffner hoffte, die Kirchenleute würden Erfolg haben. Das wäre seine einzige Chance auf einen Heiligabend im Urnerland. Wenige Tage vor den Festtagen wollte man den Vorschlag im Saal der Roten Fabrik basisdemokratisch diskutieren. Schaffner machte sich zu Fuss auf den Weg. Es war kalt und dunkel, Schaffner war müde. Der Abend in der Fabrik zog sich ins Endlose. Reden, Gegenreden, neue Argumente. Der Verlauf der Diskussion verbesserte Schaffners Laune nicht: Die Szenisten beschlossen, am Weihnachtsabend unter dem Motto »No AJZ – No Wiehnacht« zu demonstrieren.

Schaffner hatte ein Exemplar der Bewegungszeitung »Eisbrecher« mitlaufen lassen. Unter dem Titel »Wir wünschen allen schöne Weihnachten« stand da: »An die Polizisten: Auch wenn ihr gut bezahlt seid, ihr habt nicht den schönsten Beruf. Wir sind sicher, dass nach den Ereignissen dieses Sommers viele von euch eine neue Arbeit suchen. Einige haben sie ja schon gefunden. Eure Chefen suchen nun für den 24. Dezember Freiwillige. Ihr sollt auch an der Weihnacht gegen uns eingesetzt werden. Verweigert das, auch wenn ihr gezwungen werdet. Ihr habt das Recht, an Weihnachten bei euren Familien zu sein, wie wir das Recht haben, unser Fest zu machen. Wir auf der Strasse und im AJZ wollen und brauchen euch nicht. Es ist der Stadtrat, der euch aufbietet.« Diese Leute hatten gut reden …

Bereits am nächsten Morgen verbreiteten Radio 24 und ein Piratensender den Demonstrationsaufruf. Schaffner fluchte. Die Leute aus der Bewegung wussten genau, wie wichtig den meisten Polizeibeamten die Familienfeier war. Mit Religion hatte er persönlich nichts am Hut, mit der Kirche schon gar nicht, aber das hier, das ging zu weit. Schweren Herzens rief er seine Mutter an, sagte ihr, dass er an Weihnachten in Zürich bleiben müsse.

Im KK III war man gewarnt, hoffte aber trotz allem immer noch darauf, den Weihnachtsabend ohne Krawalle verbringen zu dürfen. Schaffners Kollegen im Innendienst freuten sich auf ein paar ruhige Tage – für einmal hätte er gern getauscht. Er beschloss, die letzten Tage vor dem Fest in der Alias-Wohnung zu übernachten, um in der Nähe zu sein, falls es zu Unruhen kommen sollte. Er stapfte die Holztreppe in den zweiten Stock hoch. Auf der alten Hermes schrieb er einen kurzen Rapport zur erwarteten Situation an Weihnachten, dann legte er sich auf die grosse Couch, schaltete den kleinen Schwarz-Weiss-Fernseher ein, den er kürzlich angeschlossen hatte, und versuchte, einen Moment auszuspannen. Wenige Minuten später schlief der Polizist tief und fest.

Als er am nächsten Morgen auf der Couch erwachte, rauschte der kleine Fernseher, draussen regnete es. Weisse Weihnachten konnte man hier unten eh vergessen. Kaum hatte Schaffner sein Transistorradio eingestellt, schrillte der schwarze Telefonapparat. Schaffner zuckte zusammen. Selber brauchte er den Apparat regelmässig, um seine Informationen in die Zentrale durchzugeben, aber kaum jemand kannte diese Nummer. Auch die Adresse seiner Alias-Wohnung war nur sehr wenigen Leuten aus der Szene bekannt, und er hatte noch nie jemanden hergebracht, trotzdem achtete er penibel darauf, dass nirgends Dokumente rumlagen, die seine polizeiliche Tätigkeit hätten verraten können. Wer rief ihn an Weihnachten an? Warum hier? Schaffner hob den Hörer vorsichtig ab. »Ja?«

»Grüezi, Herr Schaller«, sagte der Mann am anderen Ende, die Stimme hatte Schaffner noch nie gehört. »Kreistelefon-Direktion Zürich«, fuhr der Unbekannte fort, »ich rufe Sie wegen der ausstehenden Konzessionsgebühren an.« Wie ein Blitz durchzuckte es Schaffner. Scheisse, daran hatte er nun wirklich nicht gedacht! »Ich bezahl das sofort«, sagte er ungewohnt hastig. »Dafür ist es leider zu spät«, entgegnete der Telefonmann, der Triumph in seiner Stimme war nicht zu überhören: »Ich muss einen Strafbefehl ausfüllen.« In Schaffners Kopf raste das Gedankenkarussell: Musste er etwas tun? Würde die Post herausfinden, dass es Schaller gar nicht gab? Wenn ja, was dann?

Schaffner hängte auf, über die Weihnachtstage, das war klar, waren ihm die Hände gebunden. Er versteckte die Schlüssel zum KK III unter einem losen Fensterbrett, packte zwei, drei Kleidungsstücke in eine Papiertasche, sah sich noch einmal in der kleinen Wohnung um und ging zu seinem Auto. Vielleicht liessen ihn die Chaoten ja morgen oder übermorgen doch noch heimfahren, dorthin, wo die Leute über die Jagd sprachen, das Wildheuen und das Forellenfischen. Wo die Menschen mit ihren Familien feierten und keine Steine schmissen. Erst recht nicht an Heiligabend.

Im Auto stellte er das Radio ein, es war halb eins, Zeit für die Nachrichten. Der Nachrichtensprecher verkündete, dass sich auf dem Bürkliplatz bereits über 2000 Personen versammelt hatten. Schaffner liess das Auto in einer Seitenstrasse stehen und machte sich zu Fuss auf den Weg in die Innenstadt. Als er dort ankam, sah er viele bekannte Gesichter, aber auch eine Horde sehr junger Demonstrantinnen und Demonstranten. Sie waren umringt von Eltern, Kirchenleuten und Kulturschaffenden, die auf die Jugendlichen einredeten. »Das bringt doch nichts«, hörte Schaffner, »Gewalt ist nie eine Lösung.« Der Polizist zündete sich eine Zigarette an, wechselte ein paar Worte mit Bekannten und beobachtete die

Szene. Kaum hatte er begonnen, im Kopf die Namen der ihm bekannten Szenisten alphabetisch zu ordnen, setzte sich der Zug schon in Bewegung – über die Museumstrasse Richtung AJZ. Nach wenigen Minuten gingen die ersten Knallpetarden los. Mütter, Väter und Kirchenleute hasteten nervös umher, versuchten, die Chaoten in Schach zu halten. Schaffner schloss ein wenig auf. Die Gruppe vor ihm skandierte:»Kaufen ist leichter als Denken!« Von der Spitze des Zuges hallte in rhythmischen Abständen»AJZ, aber subito!« an sein Ohr. Immer mehr Demonstrantinnen und Demonstranten schlossen sich der Kundgebung an, einige waren mit Schlagstöcken bewaffnet.»Halleluja«, sagte Schaffner leise zu sich selber. Am liebsten hätte er kehrtgemacht, wäre abgeschlichen, heim zu Braten und Kartoffelstock. Aber er hatte einen Auftrag. Dann kam plötzlich Unruhe auf, ein Gerücht machte die Runde: Ein deutscher Rechtsextremist habe an der Grenze zwei Schweizer Grenzbeamte erschossen.

Bevor der Polizist seine Gedanken ordnen konnte, hörte er lautes Geschrei.»Uufhöre«, hörte er,»mached das nöd!« Die ersten Aktivistinnen und Aktivisten waren beim AJZ angekommen und hatten begonnen, Umzäunung und Bretterwände einzureissen. Flaschen zerbarsten am Zaun, und Molotowcocktails flogen in Richtung der uniformierten Kollegen, die das Gebäude zu sichern versuchten. Dann kam das Tränengas, auch der Insider sah bald überhaupt nichts mehr, die Wasserwerfer dröhnten, und die Prellung vom Gummigeschoss, das ihn an der linken Schulter getroffen hatte, tat höllisch weh. Die Leute stoben in Panik auseinander, Schaffner brachte sich zusammen mit ein paar anderen in der Platzspitzanlage in Sicherheit, in Sichtweite watete eine ganze Gruppe Demonstranten durch die eiskalte Sihl.

Bis drei Uhr nachts schlugen Protestierende in der Innenstadt Scheiben ein, zündeten Christbäume und Autos an. Der Polizist sass einmal mehr bis vier Uhr an seiner alten Hermes, notierte die Namen der Demonstrantinnen und Demonstranten und versuchte, den Verlauf der Kundgebung in Worte zu fassen. Das KK III war im Kriegszustand. Aus den Demonstranten waren »Gegner« geworden, man sprach von Front- und Verteidigungslinien, die es zu halten oder einzunehmen galt. Am 27. Dezember erschien im »Tages-Anzeiger« folgender Leserbrief:

### Schreie in der Heiligen Nacht

Am Heiligen Abend drang in unsere Wohnung am Neumarkt nicht nur das Glockengeläute, das die Weihnachtsmessen ankündigte. Trotz Doppelverglasung waren Geräusche von zahlreichen Petarden, von abgefeuerten Gummigeschossen und von klirrendem Glas, aber auch Schreie zu hören.

Angesichts dieser Szenen in der Altstadt entschloss ich mich um 23 Uhr 40 eine Bekannte, die wir eingeladen hatten, nach Hause zu begleiten. Wir gingen den Neumarkt hinunter in Richtung Marktgasse. Gegenüber der »Kantorei« hörten wir unvermittelt verzweifelte Schreie. Wir drehten uns beide um und sahen, wie vier oder fünf Polizeibeamte mit Knüppeln und Schuhen auf einen am Boden liegenden Wehrlosen einschlugen. Ich war schockiert, hielt inne, blieb aber aus Furcht ruhig stehen. Meine Begleiterin jedoch verlor die Nerven und schrie: »Nein! Nein! Das könnt ihr nicht machen!« Daraufhin stürmten drei Polizisten aus der Froschaugasse auf uns zu. Einer von ihnen feuerte ohne Vorwarnung aus fünf Metern Entfernung eine Gummigeschossladung ab. Wir wurden getroffen. Ich konnte kaum mehr gehen mit meinen Prellungen an beiden Knien.

Als akkreditierter Polizeiberichterstatter – ich hatte mich vom Dienst für den Heiligen Abend dispensieren lassen – erinnerte ich mich an eine Pressekonferenz im Sommer, an der der Kommandant der Stadtpolizei, Rolf Bertschi, die anwesenden Journalisten bat, Übergriffe von Beamten im Interesse der Polizei unverzüglich zu melden. Deshalb verlangte ich zwanzig Minuten nach dem Vorfall die Informationsstelle der Stadtpolizei und erreichte einen Sprecher. Ich bat ihn, wenn immer möglich, sich um den Verletzten zu kümmern.

Der Polizeisprecher hatte grosses Verständnis für mein Anliegen, erklärte aber, es sei schwierig, meiner Bitte nachzukommen, weil die Stimmung bei der Polizei wegen der vermasselten Weihnacht äusserst schlecht sei. Zusätzlich betroffen habe die Beamten die Nachricht von den Ereignissen im Kanton Aargau, wo zwei Polizisten und ein Zöllner niedergeschossen worden waren.

Als Polizeibeamter sei er selber am Nachmittag von einem Gummigeschoss getroffen worden und habe daraufhin von der Polizeipressestelle aus zusammen mit dem Polizeipsychologen versucht, die Mannschaften zur Zurückhaltung aufzurufen. Dies habe jedoch dazu geführt, dass die Pressestelle in den eigenen Reihen nicht mehr beliebt sei. Wörtlich meinte er: »Uns sagen jetzt nicht mehr alle Beamten ›Grüezi‹. Wir müssen bald einmal aufpassen, dass wir nicht auch noch einen Knüppel auf den Kopf bekommen.« Leider sei es eine bekannte Tatsache, dass sich in einer Einsatzgruppe immer wieder einige Beamte zu Übergriffen hinreissen liessen. Allerdings wies der Polizeisprecher am Sonntag vor Journalisten darauf hin, dass sich Demonstranten bei der Festnahme zuweilen aus taktischen Gründen zu Boden fallen liessen und laut schreien würden.

An der Pressekonferenz bedauerte hingegen auch der Stadtrat Frick den Vorfall. Es sei in einer solchen Lage durchaus möglich, dass ein Demonstrant zu viele Schläge bekomme.

*Erich Schmid, Zürich*

Immerhin sagte Polizeivorsteher Frick danach in einem Interview im »Tages-Anzeiger«: »Die Polizei kann die Probleme alleine nicht lösen.« Das hätte Schaffner so nicht ausgesprochen, aber das Gefühl, der Lage nicht mehr Herr zu werden, kannte er nur zu gut.

Am 29. Dezember versammelten sich 400 Menschen auf dem Friedhof Manegg, um an der Beerdigung der 23-jährigen AJZ-Besucherin Silvia Z., die sich öffentlich verbrannt hatte, teilzunehmen. Nach der Trauerfeier zogen Bewegte mit einem Kranz, auf dessen Schleife »In tiefer Trauer – Zürcher Jugendbewegung« stand, schweigend Richtung Bellevue. Die Stadtpolizei Zürich verkündete in einer Pressemitteilung, es sei »in höchstem Masse bedenklich und pietätlos, dass die Bewegung versuche, den tragischen Todesfall für ihre Zwecke zu missbrauchen«. Die Bewegung hingegen bestand darauf, dass Silvia Z.s Selbstmord in enger Verbindung mit den traumatisierenden Polizeieinsätzen stehe, die die junge Frau habe erleben müssen.

Bereits am anderen Morgen holte Schaffner seine ganz eigene Realität wieder ein. Noch auf der Holztreppe zu seiner Alias-Wohnung öffnete er den Brief der Kreistelefon-Direktion Zürich. »Verletzung des Fernmelderegals«, stand da. »Strafbescheid erlassen gegen Schaller Willi, kaufm. Angestellter, 30.08.1950, von Walkringen BE. Gesamtkosten 132 Franken.« Sie hatten nichts gemerkt. Die 132 Franken würde er auf die Spesenabrechnung setzen.

## Mützen und Glimmstängel

Demonstrationen und Vollversammlungen gehörten inzwischen zur fixen Agenda der Limmatstadt und damit zum Alltag des Polizisten. Die VVs fanden, wenn das AJZ offen war, dort statt, manchmal auch in der Roten Fabrik und regelmässig im Volkshaus Zürich. Beginn war meist um 20 Uhr 30, und nicht selten dauerten die Versammlungen zwei, drei Stunden. Die Bewegung legte grossen Wert auf Basisdemokratie, alle der bis zu 300 Anwesenden sollten ihre Meinung äussern dürfen, niemand sich als Anführerin oder Anführer aufspielen. »No leaders please« stand auf Transparenten. Tatsächlich standen dann aber doch immer wieder dieselben Leute am Rednerpult. »Mikrofonlutscher«, flüsterten die Stilleren im Saal, wenn einer der Vielredner zur Kanzel schritt. Zum offenen Protest kam es deswegen kaum, nur einmal streckte eine der anwesenden Frauen einem der Redner anstelle des verlangten Mikrofons einen Schleckstängel entgegen.

Schaffner war meist nicht der einzige Insider im Saal, auch sein »Zwilling« Truniger war oft mit dabei. Den Ort zu finden, wo man sich am besten hinsetzte, war jedes Mal eine Herausforderung. Als Spitzel sollte man möglichst viele Leute im Auge haben und mitbekommen, was die Rädelsführer an den Mikrofonen von sich gaben, gleichzeitig achtete Schaffner darauf, nicht aufzufallen und sich von »allzu politischen Leuten« fernzuhalten. Am Anfang verstand er längst nicht alles, was da diskutiert wurde, ihm fehlte schlicht das entsprechende Vokabular. Mit der Zeit lernte er aber, herauszufiltern, welche Details der epischen Reden für die Polizei von Nutzen sein könnten. Sein erstes Ziel aber blieb, Namen zu speichern und Veranstaltungshinweise mitzubekommen.

Immer wieder wurde der Polizist von Szenisten aufgefordert, Augen und Ohren offen zu halten. »Die Bullen sind mit Kameras und Richtmikrofonen unterwegs«, sagten sie. Schaffner nickte. »Wenn die wüssten«, dachte er sich, wie froh er zuweilen gewesen wäre, so etwas bei sich zu haben. Zum Glück wurden auch hier massenweise Flugblätter und Broschüren verteilt. Das half. Schriftlich erschlossen sich Schaffner gewisse Themen leichter, hauptsächlich aber konzentrierte er sich auf die Teilnehmerlisten, die er erstellte. Sie trugen Namen von Rädelsführern, Flugblattverteilern, Mitläufern und Sachbeschädigern.

Die Insider waren die Ersten im Korps, die wussten, ob es nach der VV eine Demo geben würde oder nicht. Ihre gesammelten Informationen sollten daher so schnell wie möglich in die Zentrale, wo Einsatzleiter auf die Einschätzungen der Insider warteten. Insbesondere wollte man erfahren, ob die Beamten, die im Posten noch Stellung hielten, nach Hause geschickt werden konnten oder ob im Gegenteil Verstärkung anzufordern war.

Die Schwierigkeit lag für die Insider darin, das erworbene Wissen zeitnah und unauffällig weiterzugeben. Direkt aus der Versammlung in die nächste Telefonkabine zu rennen, wäre definitiv zu riskant gewesen, und auch den Weg ins KK III persönlich zu machen, stand ausser Diskussion. Darum hatte Schaffner schon bald zwei Mützen im Sack – eine rote und eine schwarze. Wurde während einer VV beschlossen, noch ein »Umzügli« zu machen, verliess er den Veranstaltungsort mit roter Mütze und begab sich damit bewusst ins Blickfeld eines Kollegen, der in einem sogenannten »fixen Horst« – an einer vorher vereinbarten Strassenecke in unmittelbarer Nähe – Stellung bezogen hatte. Verliess Schaffner das Gebäude mit schwarzer Mütze, war klar, dass Feierabend gemeldet werden konnte.

Das ging lange gut. Erst als der Frühling kam und ihn ein junger Mann spöttisch fragte:»Häsch chalt, Schaller?«, beschloss Schaffner, seine Strategie zu ändern. Er ersetzte den Mützen- durch den Zigarettentrick. Verliess er fortan das Haus mit einer angezündeten Zigarette, hiess das: Es läuft noch was; kam er ohne Glimmstängel aus der Tür, bedeutete das Entwarnung. Der Spitzel kannte inzwischen viele Bewegte persönlich. Er plauderte da und dort, diskutierte mit, vor allem dann, wenn es nicht um Politik ging. Sozialismus, Kommunismus und Genderfragen, das alles interessierte ihn nach wie vor nicht, und vor allem war er alles andere als sattelfest in diesen Themen.

Es kam ihm nie in den Sinn, sich fundiert mit den Texten in einschlägigen Magazinen auseinanderzusetzen oder entsprechende Bücher zu lesen.»Meine Aufgabe war, Informationen zu beschaffen, dafür reichte mein Wissen«, entgegnet er auf eine entsprechende Bemerkung von mir. Die Art, wie er es sagt, verrät einen wunden Punkt.»Ich bin keiner dieser Ehrgeizlinge, die beruflich unbedingt weiterkommen wollen und dafür alles geben.« Im Übrigen seien die Intellektuellen und Vielschwätzer innerhalb der Bewegung sowieso nicht sehr beliebt gewesen. Er habe seine Grenzen gekannt, fährt Schaffner fort, und sich bewusst dagegen entschieden, aktiver mitzutun.»Das wäre früher oder später garantiert in die Hose gegangen. Eher früher.«

Schaffner begnügte sich damit, Flugblätter zu bringen und Informationen zu den Leuten, die an Veranstaltungen teilgenommen hatten. In der Zentrale war man zufrieden. Einen Leistungsdruck habe er zum Glück nie gespürt.»Wer unter Druck gerät, läuft Gefahr, Geschichten zu erfinden.« Mehr will er dazu nicht sagen.

Willi Schaller fügte sich immer besser ein in die Bewegung. Verzichtete man auf ein »Umzügli«, ging er mit auf ein Glas in die Rote Fabrik, ins Autonome Jugendhaus oder in eines der Szenelokale in der Innenstadt. »Wenige Male«, wie er betont, kiffte er mit. »Diese Krümel, die man in die Zigarette tut«, drückt er sich aus, »Hasch oder Gras oder wie das hiess.« So richtig anfreunden konnte er sich damit nie. Einige Kollegen im KK III nahmen ihm die Kneipenbesuche übel, andere die losen Arbeitszeiten. Schaffner rechtfertigte sich damit, dass er zu später Stunde oft noch zu wichtigen Informationen komme.

Die erholsamen Wochenenden im Urnerland waren zur Seltenheit geworden, nur der Sonntag war dem Polizisten heilig, da schlief er so lange, wie es ihm passte – die meisten Chaoten zum Glück auch. Nur eine einzige Demo hatte er aufgrund seiner selbst gewählten Sonntagsruhe verpasst, ausgerechnet die aufsehenerregende Nacktdemo. Mehrere hundert junge Frauen und Männer waren durch die Stadt gezogen, viele splitternackt. Sie wollten mit dieser Aktion aufzeigen, dass die Stadt die Jugend nackt auf der Strasse stehen lasse.

So dicht Schaffners Abendprogramm war, so langweilig waren oft seine Tage. Er wanderte durch die Stadt, besuchte Szenelokale, linke Buchhandlungen wie Armadillo, Pinkus oder Paranoia City und versuchte, Flugblätter zu ergattern. Durch seine regelmässigen Besuche kannte er inzwischen überall Leute, mit denen er einen Kaffee trinken konnte, eins rauchen. Manchmal kaufte er politische Literatur, Zeitschriften wie »Subversion«, »Konfrontation« oder »Radikal« und manchmal auch Schriften, die nur unter dem Ladentisch gehandelt wurden. Wenn er nichts fand, das er im KK III abliefern konnte, kaufte er auch einmal ein Che-Guevara-Feuerzeug oder ein Päckli Streichhölzer mit Cannabisblatt-Aufdruck. Die Quittungen behielt er für die Spesenabrechnung.

Einmal weckte ein Zufall im Spitzel die Hoffnung auf einen kleinen Coup: Er sass gerade wieder einmal im Armadillo und unterhielt sich mit der Verkäuferin. Sie fragte ihn, ob er nicht eine Stunde lang den Laden hüten könne, sie müsse Besorgungen machen. Selbstverständlich nickte Schaffner. Kaum war die Frau aus dem Haus, durchsuchte er hastig Schubladen und Regale nach einschlägigem Material und fand – nichts. Für diesen Vertrauensmissbrauch schämt er sich noch heute:»Schlimm. Aus heutiger Sicht unverständlich.«

Die Tage zogen sich in die Länge, es war immer noch kalt, von Frühling keine Spur. An Ostern 1981 fielen die Temperaturen noch einmal unter den Gefrierpunkt, und Zürichs Strassen wirkten wie ausgestorben. Im KK III hingegen herrschte Aufregung. Schaffners »Zwilling« Truniger, der in der Szene als Marco Schmidt unterwegs war, war von den Jungsozialisten angefragt worden, ob er aktiv bei ihnen mitmachen wolle. Heinz Niederer, der KK-III-Chef, war begeistert. Im Gegensatz zu ihm, erklärt Schaffner, habe Truniger sich in der Szene persönlich stark engagiert. Mehr will er dazu nicht sagen.

Schaffner trennte sich von seinem »Zwilling«. Wegen der unterschiedlichen Herangehensweisen, aber vor allem, weil er überzeugt war, dass die wirklich gefährlichen Leute bei den Autonomen zu finden waren und nicht bei der sozialistischen Jugend oder den Trotzkisten.

Am 3. April 1981 bekam die Bewegung ihr Zuhause zurück, das AJZ wurde nach zähen Verhandlungen zum zweiten Mal eröffnet. Die Polizei, sagen Bewegte, habe von da an bewusst Obdachlose und Drogenabhängige ins AJZ getrieben. Einen Monat später sass das KK III einmal mehr geschlossen im Büro an der Stampfenbachstrasse. Man schaute sich die Aufzeichnung der »Tagesschau« an. Die unheilige Allianz zwischen den Journalisten des Schweizer

Fernsehens und den Chaoten wurde erneut offensichtlich: Mitten in der »Tagesschau« drangen zwei maskierte Autonome ins Studio ein, unterbrachen Nachrichtensprecher Léon Huber und hielten ein Transparent mit der Aufschrift »Freedom and Sunshine for Giorgio Bellini« in die Kamera. Die Mattscheibe wurde schwarz, der Ton abgestellt. Nach ein paar Minuten machte Huber weiter, als sei nichts geschehen. Diesen Bellini hatte der Staatsschutz schon lange auf dem Radar. Der Tessiner war immer wieder einmal in Zürich aufgetaucht, pflegte Kontakte zum sogenannten inneren Kreis der linken Szene und, ermittlungstechnisch bestätigt, auch zu ausländischen Terroristen.

Wer die zwei Vermummten im Fernsehstudio waren, wusste Schaffner nicht. Leider. Er hatte inzwischen ein paar fixe Kontakte in der Szene, Leute, die ihn in Kommunen einluden oder in besetzte Häuser, aber das waren keine Anführer oder Macher. Er erinnert sich gut an seinen ersten Besuch in einer der verdächtigen Wohngemeinschaften. Ein junger Mann, nennen wir ihn Michael Morf, hatte Schaffner mit in seine WG an der Kanzleistrasse genommen. Morf, bekennender Marxist-Leninist und vermutetes Mitglied einer Gruppe namens »Roter Prolet«, hatte ihn eingeladen. Als der Polizist das erste Mal im Wohnzimmer der Kommune stand, war er überrascht, wie wohnlich die Räume eingerichtet waren. »Kein Chaos, keine Orgien, sondern Leute, die von der Arbeit kamen, andere, die zur Arbeit gingen, und wieder andere, die sich in ihren Zimmern ausruhten.« Noch heute schwingt in seinen Worten ein wenig Überraschung mit.

Am grossen Tisch im Wohnzimmer trafen sich die Bewohnerinnen und Bewohner zum Kaffee. Richtig wohl fühlte sich Schaffner dabei nicht, aber kaum eingetreten, versuchte er, sich in den Privaträumen dieser Leute Details zu merken. Er fragte nach dem Klo und ging dann absichtlich in die falsche Richtung. Im Kopf zeichnete er den Plan der Wohnung, mit Ein- und Ausgängen, Anzahl Betten und dem Standort des Transistorradios. Später würde er das alles auf Papier übertragen. Sollte man das Haus jemals stürmen müssen, dachte er sich, wäre man froh um seine Informationen.

Diese Einsätze in privaterem Rahmen oder in kleineren Arbeitsgruppen forderten Schaffner je länger, je mehr. Die ständige Anspannung, dieses Hellwach-sein-Müssen, auch wenn man vordergründig nur rumhing, ermüdete ihn. Trotzdem machte er weiter. Dem KK III meldete er:»Der Alkohol- und Drogenkonsum in diesen Kreisen ist enorm. Alkohol, Haschisch, Heroin.« Es gehe längst nicht immer friedlich zu in den Häusern. Meinungsverschiedenheiten führten nicht selten zu Rangeleien oder gar zu regelrechten Schlägereien.

Konkretes über begangene oder geplante Straftaten erfuhr Schaffner auch in diesen Kommunen nie. Er hielt sich an die Namen: 400 bis 500 Gesichter konnte er inzwischen mit Namen verknüpfen. Jene aus dem harten Kern kann er bis heute rezitieren, Geburtsdatum und ehemalige Wohnadresse inklusive. Dass Freundschaften entstanden, vermied der Insider bewusst. Er blockte ab, wenn es zu persönlich wurde, blieb unnahbar, der komische Kauz.»Damit waren die Szenisten zufrieden«, sagt er, und er habe sich selber nicht in unnötige Gefahr gebracht.

Ich selber habe bei den Recherchen zu diesem Buch die wildesten Gerüchte gehört: Der Spitzel habe alles gemacht, um tiefer in die Szene zu kommen, sogar mit Frauen geschlafen. Schaffner schüttelt den Kopf.»Das hätte ich, auch wenn ich es gewollt hätte, gar nicht hingekriegt«, sagt er und lacht. Seine Frau mischt sich ein:»Das stimmt. Er ist nicht gerade das, was man einen Charmebolzen nennt.« Die Frauen seien ihm mit Skepsis begegnet, erinnert sich Schaffner. Vielleicht auch, weil er halt anders sozialisiert worden sei als viele Leute der Bewegung. »Ich habe Frauen immer respektiert«, sagt er, »aber ich bin auf dem Land aufgewachsen und war damals sicher keiner, den man Frauenversteher oder Feminist genannt hätte.«

## Zwei Welten

Schaffner alias Schaller wurde mutiger, selbstbewusster und lauter. Des Öfteren wagte er es nun, Sprüche zu reissen, den Radikalen zu spielen. »Macht mal was, statt immer nur zu diskutieren«, sagte er, wenn ihn die Abenteuerlust packte. »Nicht angebracht«, urteilt er heute, »aber ich wollte schauen, wie weit ich gehen konnte.« Allzu sicher durfte er sich nicht fühlen, gerade in den sogenannten internen Sitzungen, die im kleineren Kreis mit zwanzig bis fünfzig Teilnehmenden abgehalten wurden, diskutierte man immer wieder, woran man Zivilpolizisten erkenne. Schaffner erlebte regelmässig, dass Leute aus Sitzungen weggeschickt wurden, weil man sie nicht für vertrauenswürdig hielt. Ihm selber passierte das nie.

Wenn es um Spitzel ging, fiel oft der Name »Büro S«, des »Büros für besondere Tatbestände«, das nicht wie Schaffners Abteilung sogenannt präventiv tätig, sondern damit beauftragt war, begangene, politisch motivierte Straftaten aufzuklären. Einige der Büro-S-Leute hatten sich in der Vergangenheit selber »enttarnt«, indem sie Szenisten verhaftet hatten. Diese Abteilung war daher im öffentlichen Bewusstsein deutlich präsenter als das KK III. Zu jenen, die von den Aktivisten ebenfalls verdächtigt wurden, gehörten auch die Gefolgsleute des FDP-Nationalrats Ernst Cincera. Der selbsternannte Staatsschützer und »Subversivenjäger«, der in den Siebzigerjahren auf eigene Faust Fichen über »Kommunisten« angelegt hatte und sich »Archivar des Bösen« nannte, hatte Anhänger in der Zürcher Stadtpolizei, das wusste man. Tatsächlich schrieb einer von Schaffners Kollegen für Cinceras Magazin »Bulletin/Informationsgruppe Schweiz«. Zu Schaffners Glück waren viele Aktivisten der Meinung, dass die Stadtpolizei selber nicht fähig sei, Spitzel einzuschleusen. »Diese Volltrottel«, hiess es ab und an, wenn das Thema aufkam, »schicken ihre Zivis immer noch mit neuen Turnschuhen, Funkgerät und Lederjacke los.« Der Urner nickte und lachte dann etwas lauter als normal.

Im November 1981 erschütterte eine Nachricht die Bewegung: Zwei Mitglieder des Komitees gegen Isolationshaft, KGI, waren verhaftet worden, Claudia Bislin und Jürg »Jüre« Wehren. Schaffner kannte ihre Namen, wusste, dass man sie schon lange observiert hatte, wissentlich war er den beiden nie persönlich begegnet. »Zu hohe Stufe«, sagt er ganz im alten Jargon. Man hatte Bislin und Wehren hochgehen lassen, weil man vermutete, dass sie Sprengstoff horteten. Von den Kollegen der Kantonspolizei hatte Schaffner erfahren, dass es einen Informanten gab, der behauptete, der Sprengstoff sei unter anderem für die Terroristen der deutschen Roten Armee Fraktion, RAF, bestimmt. Die Verhaftung machte Schaffner unruhig. Aber auch in dieser aufgeladenen Stimmung geriet der »kurlige« Innerschweizer nie in Verdacht. Ungestört pendelte er weiter zwischen Schaller und Schaffner, zwischen Zürich und Uri. Ganz selten nur berührten sich die beiden Welten.

Einmal ging er mit Freunden auf die Göscheneralp angeln. Weit unten am steilen Hang sah er vier Männer durch die karge Berglandschaft wandern. Hier, ganz hinten im Tal, war man meist allein. Darum holte Schaffner den Feldstecher hervor, um zu schauen, wer da unterwegs war. Als er scharf gestellt hatte, traute er seinen Augen nicht: Szenisten, hier im Urnerland! Schaffners Puls raste. Er erklärte seinen Freunden, er müsse mal ein paar Schritte gehen, versteckte sich hinter dem nächsten Felsblock und wartete bis die vier ausser Sichtweite waren. »Wahrscheinlich«, glaubt er heute, hätte er sich problemlos rausreden können, denn vom Fischen sprach er auch in Zürich oft, und er hatte seinen Bekannten aus der Szene sogar schon Forellen mitgebracht.

Ein anderes Mal wurden ihm seine beiden Welten mit den unterschiedlichen Wahrheiten mitten in Zürich beinahe zum Verhängnis: Er war mit Leuten aus der Szene in einem Gartenlokal. Völlig unerwartet näherte sich ein ehemaliger Schulkollege aus Amsteg seinem Tisch und begrüsste ihn mit den Worten: »Hey Willy, bisch immer no bi dä Schmier?« Schaffner reagierte blitzschnell. »Haha, guter Spruch«, sagte er, als habe sein Freund einen schlechten Witz gemacht. Dann sprang er auf, packte ihn am Arm und inszenierte eine Rangelei unter Kerlen. Das Interesse der Szeneleute am Tisch hatte bereits nachgelassen, und als der Polizist den Freund verabschiedet hatte, fragte keiner nach. »Wenn es eng wird, musst du in die Offensive gehen«, sagt Schaffner bedeutungsvoll.

Am 17. März 1982 dann die Nachricht, auf die er schon lange gewartet hatte: Die Trägerschaft des AJZ gab auf. Schaffner hatte längst gesehen, dass sich der Leitsatz »Fixer ja – Dealer nein« nicht durchsetzen liess, aber die Bewegung wollte ja unbedingt an ihrem Vorsatz festhalten, niemanden auszugrenzen. In den letzten Wochen war das ganze Haus zu einer Art »Fixerstübli« verkommen, wer clean war, ging gar nicht mehr hin. Kaum war die Nachricht da, dass die Bewegung das Haus aufgab, rückten die Kollegen aus und nahmen 118 Bewegte fest. Endlich. Wenige Wochen später erklärte man die Bewegung intern für »erledigt«.

Schaffner zweifelte, denn viele der Leute rund um die Betriebs-gruppe des AJZ waren wütend, und nicht wenige sprachen von Racheakten und davon, dass man militanter werden müsse. Schaff-ner versuchte, am Ball zu bleiben, herauszufinden, was geplant war – ohne Erfolg: Im Juli ging die McDonald's-Filiale am Zürcher Stauffacher in Flammen auf. Ein Brandanschlag. Die Täterschaft nannte sich das »Kommando Grober Ernst«. Michi Morf hatte diese Gruppierung mehrfach erwähnt, aber Schaffner hatte nicht gewagt, genauer nachzufragen.

## Achmed von Wartburg,
Bewegter, heute Tango-Musiker
und Tai-Chi-Lehrer

Man nennt ihn auch den »Tom Waits des Tangos«. Seinen Vor-
namen hat der gebürtige Aargauer in Kairo erhalten. Mit acht-
zehn war er dorthin gezogen, um Arabisch zu studieren. Heute
lebt von Wartburg im Zürcher Kreis 4, in einer kleinen Genos-
senschaftswohnung, die er mit Mitbewohnern teilt. Sie ist voll
mit Souvenirs seiner vielen Reisen nach Südamerika und Asien.

Als ich 1978 als achtzehnjähriger Kunstmaler nach Paris zog,
war Zürich tot. Die Schweiz war tot, kein bisschen »multi-
kulti«, alles reglementiert, alles verboten. Wenn du auf der
Strasse einmal einen Menschen mit dunklerer Hautfarbe gesehen hast, dachtest du: Ah, ein Missionar, der das Christen-
tum zu den Heidenkindern tragen wird. Im Sommer 1980
kehrte ich nach Zürich zurück, direkt von der Al-Azhar-Uni-
versität in Kairo, wo ich inzwischen Arabisch studierte. Ich
wollte nur drei Monate in Zürich bleiben, um Geld für mein
Studium zu verdienen. Und dann das: Zürich war erwacht!
Die Stadt lebte! Der Beton war explodiert!

Bald ging ich an erste Demos, lernte in kürzester Zeit neue
Leute kennen, Aufmüpfige, Kreative, Unkonforme. Endlich

konnte man in diesem Land leben! Als im September das Autonome Jugendhaus bereits wieder geschlossen wurde, erwachte ich aus meinem Traum. Ich würde mich für dieses neue Zürich einsetzen, ich ging an jede Demonstration, an jede. Wir kämpften für mehr alternative Kultur, gegen die Enge. Was uns zu Beachtung verhalf, waren allerdings weniger unsere Slogans als unsere Steinwürfe. Kleinere Sachbeschädigungen wurden so für mich zum Hobby, wir zogen in Gruppen los, um Scheiben einzuschlagen, manchmal tat ichs auch nachts ganz allein. Wir fühlten uns ein wenig wie in einem Agentenfilm, achteten zum Beispiel peinlichst darauf, am Telefon nichts Wichtiges zu besprechen; wir litten zeitweise an Bullen-Paranoia, aber auf die Idee, dass es in unseren eigenen Reihen Spitzel geben könnte, sind wir ehrlich gesagt nicht gekommen.

Vom Durchschnittsbürger wurden wir immer wieder harsch kritisiert: Wir seien nur gewalttätig und überhaupt nicht konstruktiv, nicht demokratisch. Darum beschlossen wir, 1982 zu Tausenden für den Zürcher Stadtrat zu kandidieren. Wir wollten uns wie verlangt »einbringen«. Das Ziel war, den Betrieb lahmzulegen, ad absurdum zu führen. Die Wahllisten sollten so lang werden, dass die Leute irgendwann einfach irgendetwas ankreuzten. Leider zogen sich die meisten Bewegten zurück, als es konkret wurde mit der Kandidatur, sie befürchteten Repressalien, im Privatleben oder von der »Schmier«. Ich kaufte mir eine Luftpistole für die Hosentasche und zog es durch. Meine Partei hiess »Das nackte Chaos«. Unser Motto: »Wählt den Schönsten«. Wir versprachen Bierpreis-Senkungen und zwölf krawallfreie Samstage. Die ganze Sache wurde zum Happening, bedroht wurde ich nie. Im Gegenteil: Wildfremde Leute sprachen mich an und fragten mich, wie es mit dem Wahlkampf gehe. Fürs Ego ist das schon toll, aber es bringt dich ehrlich gesagt auch nicht weiter im Leben, denn die Leute interessieren sich für deine Sprüche oder den nackten Arsch, den du zeigst, nicht dafür, was dir wirklich am Herzen liegt. 7000 Stimmen machte ich – immerhin.

Doch zurück ins Jahr 1981. Die Polizei hatte begonnen, die Treffpunkte der Drogenabhängigen zu schliessen, das »Topshot« an der Rämistrasse zum Beispiel. Die Junkies trieben sie ins AJZ. Wir hatten damals die Grundhaltung, niemanden auszugrenzen. Drogenabhängige und Alkis waren für uns Opfer des Systems, Menschen, mit denen wir uns solidarisch zeigen wollten. Einzig der Drogenhandel sollte im AJZ verboten sein, was sich natürlich schon bald als total naiv herausstellte: Wo Junkies sind, sind auch Dealer.

Die ganze Situation überforderte uns immer mehr. Die Preise für die harten Drogen waren damals hoch, die Beschaffungskriminalität ein grosses Thema. Die Betreiber des AJZ, die Leute aus der Kulturgruppe, der Beizengruppe zogen sich immer mehr zurück. An Weihnachten 1981 rafften wir uns noch einmal auf, organisierten Konzerte und richteten einen Fixerraum ein. Den ersten der Welt wahrscheinlich, für die Bevölkerung ein Schock. Die damalige Stadträtin Emilie Lieberherr schrie mich an einer Versammlung beinahe an: »Das könnt ihr nicht machen«, sagte sie, »nicht mit Heroin!« Ich erklärte ihr, dass nicht die Droge die Leute kaputtmache, sondern die Illegalität. Sie hat fast einen Schreikrampf bekommen. Lustigerweise hat Lieberherr dann Ende der Achtzigerjahre selber Fixerräume propagiert. Das hat mich beeindruckt. Ich bewundere Menschen, die fähig sind, ihre Meinung zu überdenken und dazu zu stehen.

Im Winter 1981 ging es mit dem AJZ völlig den Bach runter. Das Haus war ungeheizt, düster, und Dutzende Junkies wohnten in den Räumlichkeiten. Wenn du selber nicht gefixt hast, hast du das gar nicht ausgehalten. Wir haben uns irgendwann entschlossen, das Experiment abzubrechen. Die Stadtregierung unter Sigmund Widmer machte sofort Nägel mit Köpfen und riss das Gebäude ab, mit dem Bauschutt entsorgten sie wahrscheinlich kiloweise Drogen. An der letzten Demo, die wir nach der Schliessung des AJZ machten, sprach mich ein Polizist mit »Herr von Wartburg« an. Da wusste ich – jetzt ist es auch für mich gelaufen.

# Sprengstoff

Schaffner war meist allein unterwegs, mit anderen Insidern sprach er nur noch an der Stampfenbachstrasse. Im Nachhinein sagt er, sei es aus taktischer Sicht ein grosser Fehler gewesen, anfangs gemeinsam mit Truniger losgezogen zu sein. »Ein kapitaler Bock.« Tatsächlich sind es die Fotos, die Schaffner zusammen mit Truniger an Demonstrationen zeigen, die ihn Jahre später entlarven. Doch noch standen andere im Licht der Öffentlichkeit. »Freiheit für Claudia und Jüre – sonst holen wir sie«, war an diverse Wände gesprayt worden. Anderthalb Jahre nach der Verhaftung von Claudia Bislin und Jürg Wehren kam es endlich zum Prozess: Am Samstag, 26. Februar 1983, im Bezirksgericht Zürich. Beide Angeklagten würden nicht zur Hauptverhandlung nach Zürich kommen, das wusste Schaffner, trotzdem war er auf einiges gefasst. In der Bewegung genoss das Paar, das im November 1981 im Kreis 5 verhaftet worden war, grosse Bewunderung. Am Abend vor dem Prozessbeginn versammelten sich im Volkshaus siebzig Freundinnen und Freunde zu einer Solidaritätsveranstaltung, Schaffner ging hin und liess eine der bloss in zwanzig Exemplaren angefertigten Erklärungen zum Wirken von Bislin und Wehren mitlaufen. Es war schon länger her, dass er etwas so Gewichtiges ins »Pentagon« mitbringen konnte.

Als er am Samstagmorgen um acht Uhr vor dem Bezirksgericht stand, sah er mehr Polizisten als Leute aus der Bewegung. Offenbar hatten die meisten keine Lust gehabt, sich vor dem Gericht abwimmeln zu lassen. Stattdessen waren sie nach Winterthur und Pfäffikon gefahren, wo Bislin und Wehren in Isolationshaft sassen, und hatten dort vor den Gefängnissen Raketen und Knaller losgelassen. Als Verteidiger der beiden »ersten Schweizer Terroristen« – wie die Medien sie betitelten – amtierte der Zürcher Anwalt Bernard Rambert, selber Aktivist des Komitees gegen Isolationshaft, KGI.

Die Anklageschrift, die der Richter verlas, war eindrücklich: In verschiedenen Verstecken hatte die Polizei nach der Verhaftung der beiden unter anderem 80 Kilogramm Sprengstoff, mehrere Faust- und Handfeuerwaffen und 1600 Schuss Munition gefunden. Als es nach mehreren Stunden Verhandlung zur Urteilsverkündung kam, atmete Schaffner auf. Im Saal war es mucksmäuschenstill. Die wenigen anwesenden Besucherinnen und Besucher waren schockiert: Der Gerichtspräsident ging anderthalb Jahre über den Antrag des Anklägers hinaus – Claudia Bislin und Jürg Wehren wurden für ihre »Vorbereitungshandlungen« zu einem historisch hohen Strafmass von sieben Jahren Gefängnis verurteilt. »Generalprävention«, lautete eine der Begründungen des Gerichts.

In der Bewegung war klar, dass man das nicht hinnehmen würde, rund vierzig Sympathisantinnen und Sympathisanten zogen nach der Verhandlung weiter an die Hellmutstrasse und beschlossen dort nach einer langen Diskussion, sich fortan regelmässig zu treffen, um zu besprechen, wie man den Widerstand gegen den Staat intensivieren konnte. Die Treffen sollten alle zwei Wochen, jeweils um elf Uhr im Café Boy an der Kochstrasse im Zürcher Kreis 4 stattfinden.

Wieder einmal hatte der Spitzel Glück: Was man später als seinen »Aufstieg in den engeren Kreis« bezeichnen wird, gelang ihm rein zufällig. Schaffner sass zusammen mit Michi Morf beim Würfeln. Er hatte verloren.»Revanche am Samstag?«, fragte Schaffner, als Morf nach Hause wollte.»Am Samstag kann ich nicht, da habe ich Sitzung«, lautete die Antwort.»Was für eine Sitzung?«, fragte Schaffner nach.»Mit den Anti-Impis, im Café Boy«, sagte Morf.»Kann ich mitkommen?«, fragte Schaffner. Morf willigte ohne Zögern ein. Bereits am folgenden Samstag begleitete der Insider seinen Freund. Da er mitgebracht worden war, ging man automatisch davon aus, dass er »sauber« sei. Morf besuchte die Sitzungen bald nur noch unregelmässig, Schaffner aber war immer mit von der Partie. Leicht fielen ihm die Besuche nicht.»Ich musste jedes Mal den inneren Sauhund überwinden«, erinnert er sich. Denn in diesen Sitzungen habe sich der politischere Kern der Szene getroffen. Vor zwei Dingen habe er sich gefürchtet: davor, erkannt zu werden, aber auch davor, unter Druck zu geraten, sich an einer Straftat beteiligen zu müssen.

Zwischen zwanzig und fünfzig Aktivistinnen und Aktivisten aus den Bereichen »Komitee gegen Isolationshaft«, »Anti-Imperialisten«, »Frauen«, »Guatemala«, »Häuserkampf« und weiteren linken Gruppierungen trafen sich samstags im Café Boy. Schaffner alias Schaller selber übte sich einmal mehr in der Rolle des stillen Zuhörers. Vor allem dann, wenn die Arbeitsmethoden des Staatsschutzes Thema waren, und das waren sie oft. Der Polizist machte ein möglichst unbeteiligtes Gesicht, wenn man über die Spitzel sprach, nickte anerkennend, wenn ihn jemand ansah, oder schüttelte sichtlich entrüstet den Kopf. Zum Glück gingen auch die Leute hier davon aus, dass vor allem das Büro S in diesem Bereich aktiv war; die Namen seiner Kollegen Scheuber und Wäger fielen oft. Wenn Schaffner heute an diese Sitzungen zurückdenkt, erinnert er sich in erster Linie an eines: endlose Diskussionen über Dinge, die für ihn als Insider keinerlei Relevanz hatten.»Auseinandersetzungen über die Gestaltung von Flugblättern, basisorientiertes Denken und Verhalten, genderkonforme Sprache.« Ein paar der damaligen Sitzungsprotokolle hat er aufbewahrt.

sprache bedeutet macht; aus dem verhalten von leuten in der diskussion lässt sich auf deren machtstellung (extrem gesagt) schliessen. diskussionsbeiträge werden denn auch oft dazu verwendet, sich zu profilieren und damit einen höheren status zu sichern. man (/frau; es sind fast immer männer) zelebriert mit rhetorik und schönen ausdrücken das reinknallen der eigenen position – mann geht nicht auf die vorhergehenden beiträge ein, nutzt die gelegenheit, seine eigene ansicht breit auszuwalzen und manchmal sogar gegen andere persönlich zu fighten (die machtverhältnisse manifestieren sich bis in subtile details: wortwahl, satzbau, tonfall, ausreden lassen, von den anderen akzeptiert werden sind beispiele; weniger mächtige können sich meist auch weniger leisten (bekannt auch die charakteristische »hierarchiediskussion«). es braucht nicht zu verwundern, wenn es leute gibt, die an sitzungen kein wort sagen oder gar nicht erst kommen! ich bin der meinung, dass wir fruchtbare gespräche/auseinandersetzungen erst dann führen können, wenn wir machtstrukturen auch bei uns zerschlagen!

Manchmal lernte der Urner vor solchen Sitzungen ein paar Schlüsselsätze auswendig und warf sie in ihm geeignet erscheinenden Momenten in die Runde. Erstaunt nahm man zur Kenntnis, dass der stille Altlinke doch mehr zu sagen hatte, als man annahm. »Wenn jemand in die Tiefe gegangen wäre«, sagt Schaffner lachend, »wäre ich kläglich gescheitert.«

Die Diktatur in Chile und der geplante Bau des Atatürk-Staudamms in der Türkei waren wiederkehrende Themen an den »Boy«-Sitzungen. Im Anschluss an eine dieser Türkei-Sitzungen beging Schaffner, wie er heute selber sagt, die wohl absolut grösste Dummheit seiner Insider-Zeit: Er schlug einem der Sitzungsteilnehmer – nennen wir ihn Marco Dill – vor, die Badener Firma Brown Boveri & Cie. mit einem Sprengstoffanschlag zu stoppen. Die BBC war massgebend an den Plänen zum Bau des Staudamms beteiligt. »Mit Reden ändern wir nichts«, soll Schaffner gesagt und dann geblufft haben, er kenne jemanden, der im Tessin in einem Steinbruch arbeite und sicher Sprengstoff liefern könnte. So wird es drei Jahre später in der Wochenzeitung WoZ stehen. Schaffner selber erinnert sich nicht mehr im Detail. Er sagt: »Ich will nicht ausschliessen, dass ich das so in dieser Art gesagt habe.«

Nach der unbewilligten Demonstration vom 10. September 1983 gegen den Staudamm, die in einer der »Boy«-Sitzungen geplant worden war, wurde es noch einmal eng für den Spitzel, denn in der Nachbereitung der Demonstration wurde den Sitzungsteilnehmern klar, dass die Polizei die Route im Voraus gekannt haben musste. Ausgerechnet die Sitzung, in der dies zum Thema wurde, war schlecht besucht. »Den Zivi zu finden, hat erste Priorität«, wurden sich die Aktivisten schnell einig. Schaffner schwitzte Blut und Wasser, als er realisierte, dass sich die meisten der Anwesenden gut kannten. Eigentlich lag es nahe, auf ihn, den Einzelgänger, zu kommen. Er entschied sich einmal mehr für die Offensive. »Die

Drecksau müssen wir finden!«, sagte er lauter als gewohnt. Der sonst eher Zurückhaltende erntete anerkennende Blicke. Einen Moment lang hoffte der Polizist, der Verdacht würde auf den Miliz-Insider des Kantons fallen, der ebenfalls regelmässig an den Sitzungen teilnahm. Er kannte den Kollegen kaum, hatte sich noch nie mit ihm ausgetauscht. Auf meine Frage nach dem Warum, sagt Schaffner: »Es herrschte eine gewisse Konkurrenz zwischen der Stadt- und der Kantonspolizei, man versorgte sich nicht freiwillig mit Informationen.«

Die Serie der Solidaritätskundgebungen für die inhaftierten Aktivisten Claudia Bislin und Jürg Wehren riss nicht ab. Die Anwaltssekretärin und der Grafiker standen, soweit das ihre Situation erlaubte, in regem Briefkontakt mit Genossinnen und Genossen draussen. In Briefen und längeren Texten verarbeitete Bislin ihre Verhaftung und die Erlebnisse in Haft:

*vom knast und so*
*ein kurzes aufleuchten von scheinwerfern hatte mich veranlasst nachzusehen. ich machte die tür auf, sah vor mir draussen im dunkel eine einzige gestalt, schemenhaft nur, in geduckter stellung. »kä bewegig, oder mir schüssed.« ich hielt es für einen schlechten scherz, wollte rufen: »he, mach kei seich«, doch bevor ich den satz zu ende gedacht hatte, wurde es ernst. auf einmal waren unzählige maschinenpistolen auf mich gerichtet, und dann ging alles sehr schnell. mehrere bullen stürzten sich auf mich, andere drängten vorbei, durch die enge Tür in die werkstatt rein, machten sich über jüre her, und innert sekunden schnitten die handschellen in die gelenke. ich begriff schlagartig, wusste, was alles vorbei war, wusste, was alles auf mich zukam. in diesen*

*kurzen, hektischen augenblicken türmten sich in meinem*
*kopf gedanken, bilder und erinnerungen, in bestürzender*
*klarheit, messerscharf geschieden in ein vorher und ein*
*nachher, dazwischen das grosse WARUM? wut und enttäu-*
*schung erfüllten mich, angst auch, angst, dass sie jüre zu-*
*sammenschlagen, denn so, wie die bullen eingefahren sind,*
*schwer atmend und zitternd vor jagdfieber, konnte man*
*meinen, sie hätten ihren ärgsten persönlichen erzfeind ge-*
*stellt. ich sagte mir: »so, jetzt bist du wohl einige zeit weg*
*vom fenster.« es war eine nüchterne feststellung. gleichzeitig*
*war ich unendlich froh darüber, dass dieser tag, der narren-*
*tag 1981, bis hierher stark, reich, voller liebe und lebenslust*
*gewesen war. am morgen war jüre mit mir auf arbeit, beide*
*waren wir sehr früh aufgestanden, wir fühlten uns einander*
*nahe, einträchtig verbunden und glücklich wie schon lange*
*nicht mehr. ausgerechnet. dieses gute gefühl blieb in mir*
*drin, trug mich, und ich habe es bis heute bewahrt. bevor*
*mich die bullen mit der ihnen eigenen rabiatheit zum auto*
*bugsierten, schaute ich noch einmal zu jüre, meinem gelieb-*
*ten freund und genossen, in der hoffnung, einen letzten*
*blick von ihm aufzunehmen, sah jedoch auf seinem zu*
*boden gerichteten gesicht nur den schmerz, den sie ihm mit*
*brutal zusammengepressten handschellen zufügten (in der*
*folge hatte er in der einen hand monatelang kein gefühl*
*mehr). ich wollte ihm zurufen, was mit den augen zu sagen*
*durch gewalttätigkeit verwehrt wurde: ich ha die gärn, doch*
*der zorn nahm mir die stimme …*
*… nach fünf tagen gaben sie mir die uhr zurück, brachten*
*kleider, die ein lieber mensch für mich abgegeben hatte –*
*erstes zeichen, dass jemand draussen von unserer geiselnah-*
*me wusste! –, und verlegten mich ins bezirksgefängnis. das,*

*was man haftschock nennt, trat bei mir nicht ein, obwohl*
*der übergang vom draussen zum kleinen knast nicht*
*als ausgesprochen sanft bezeichnet werden kann. der um-*
*stand, dass ich mich seit jahren mit dem knast, mit dem*
*politischen kontext ebenso wie mit den haftbedingungen*
*und verhörmethoden, auseinandergesetzt hatte, erwies sich*
*nun, da ich alles von innen kennenlernen sollte, als hilf-*
*reich. mit nichts konnten sie mich wirklich überraschen,*
*überrumpeln. ich war auf alles gefasst – und doch war alles*
*neu. unangenehm neu ...*
*... die einvernahmen bei den bullen wie beim bezirksan-*
*walt waren seltener und kürzer als erwartet. sie waren für*
*mich keine grosse belastung. theoretisch sowie aus erfahrung*
*anderer war mir seit langem klar, dass strikte aussagever-*
*weigerung in meiner situation das einzig richtige verhalten*
*ist; ausstehend waren jedoch eigene erfahrungen im umgang*
*damit. ich hatte keinerlei vorstellungen darüber, wie im*
*konkreten fall aussageverweigerung durchzustehen sei, ob*
*schwierigkeiten auftauchten, und wenn ja, was für welche.*
*ich staunte dann fast ein bisschen, wie leicht mir die kon-*
*sequente verweigerung fiel; keine sekunde des zweifels, der*
*unsicherheit. ich fühlte mich während der fragereien ir-*
*gendwie unberührbar. später beim bezirksanwalt, wo alles*
*mehr oder weniger wiederholung war, langweilte ich mich*
*geradezu, so dass ich manchmal vergass, mein »keine aussa-*
*ge« im richtigen moment zu deponieren, da meine gedanken*
*längst woanders weilten. die fronten waren (und sind) klar,*
*das gewaltverhältnis ebenso, da gab es nichts zu deuten,*
*nichts zu verhandeln und schon gar nichts zu rechtfertigen.*
*die vorhalte, die mir gemacht wurden, hörten sich seltsam*
*fremd an, hatten nichts mit mir zu tun, erreichten mich gar*

*nicht als solche. worthülsen ohne bedeutung. paragrafen,*
*nichts als paragrafen, was gehn mich die an? woher nehmen*
*diese gnome überhaupt die legitimation, mich auszufragen,*
*und woher ihren vermessenen anspruch, ich schulde ihnen*
*antwort oder gar rechenschaft? sie sind so klar meine gegner*
*wie ich der ihre. mit nichts dazwischen. ihre massstäbe ha-*
*ben für mich keine gültigkeit. ich anerkenne weder ihre be-*
*rechtigung, mich zu befragen, noch diejenige, mich zu ver-*
*urteilen. jede konfrontation von gefangenen mit bullen im*
*verhör oder richtern im gerichtssaal ist nahkampf im langen*
*stellungskrieg, im stellungskrieg bewaffneter gegen waffen-*
*lose, mächtiger gegen machtlose, im stellungskrieg, der mit*
*der verhaftung beginnt und nicht aufhört, solange die frei-*
*heitsberaubung andauert. eine alte guerillaweisheit besagt*
*nur, dass man sich in einschätzung der kräfteverhältnisse*
*kampfterrain wie kampfmittel nicht aufzwingen lassen,*
*sondern selber bestimmen soll. das gilt auch für hier. unser*
*terrain ist nicht das bürgerliche gesetzbuch (es sei denn als*
*wurfgeschoss)…*

*Dezember 1983*

Abgesehen von den Kundgebungen für Bislin und Wehren war es
deutlich ruhiger geworden in der Stadt, grössere Kundgebungen
oder Aktionen waren selten geworden. Auf seinen Rundgängen
notierte Schaffner Slogans, die er an Wänden und auf Flugblättern
fand:

»Ruhe im Land gibt den Imperialisten freie Hand!«
»Gegen Knast und Repression – hilft nur eines –
REVOLUTION!«
»Ich bin nichts, ich kann nichts – gebt mir eine Uniform!«

»Macht den Schweinen Dampf – dritte Welt und hier –
ein Kampf!«

»Hände hoch! Überfall! Natoland ist überall!«

»Reagan, du Gangster, bald bist du weg vom Fenster!
Kommt Zeit, kommt Rat, kommt Attentat.«

»Reagan, Reagan, aus der Traum, bald liegst auch du
im Kofferraum.«

»Aufruhr, Widerstand – es gibt kein ruhiges Hinterland!«

# Claudia Bislin,
ehemalige Sekretärin des Anwaltskollektivs Zürich, heute freischaffende Lektorin und Korrektorin

Claudia Bislin, die heute in Südfrankreich lebt und als Lektorin und Korrektorin arbeitet, sagte ohne Zögern zu, als ich sie um ein Interview für dieses Buch bat. Sie schickte mir Texte, die sie im Gefängnis verfasst hat, Zeilen, die mich während der Lektüre in die beklemmende Enge der Zellen versetzten, in denen Bislin mehr als zwei Jahre in Isolationshaft gesessen hat. Ich treffe Claudia Bislin bei einem ihrer regelmässigen Besuche in der Schweiz im Zürcher Restaurant St. Gallerhof.

Die Jugendunruhen im Mai 1980 haben uns genauso überrascht wie alle anderen auch. Ich lebte damals zusammen mit Jüre in einer WG an der Bäckerstrasse – in einem total anderen Film. Wir organisierten Aktionen für die gefangenen IRA-Leute in Nordirland, unterstützten die ETA-Leute im Baskenland und kämpften mit internationalen Gruppierungen gegen die Inhaftierung von politischen Gefangenen. Irgendwann kam eine unserer Mitbewohnerinnen nach Hause und erzählte, ein paar Leute planten einen Menschenteppich vor dem Opernhaus. Schlimm! So etwas Wehrloses, niemals wäre ich da hingegangen. Die Krawalle dieses Abends haben uns dann bös überrascht …

Von diesem Tag an waren wir ständig unterwegs, haben uns an der Kreativität der Aktionen und der Flugblätter gefreut. Es war ein gutes Lebensgefühl auf der Strasse, die Stadt gehörte uns. Alle Widerstandsformen waren legitim. Wir, die wir den bewaffneten Kampf gegen herrschende Ungerechtigkeiten und Machtverhältnisse befürworteten, sahen uns ganz klar als Teil dieser Bewegung, obwohl wir bereits Ende zwanzig waren und keine Jugendlichen mehr. Wir waren an den Demos fürs AJZ, kämpften aber gleichzeitig weiter gegen Knastneubauten und für das Verbot der Isolationshaft. Man darf nicht vergessen, dass in der Schweiz Isolationshaft damals in der Untersuchungshaft üblich war und die Haftbedingungen in Nordirland, im Baskenland, aber auch in Deutschland katastrophal waren. Als befreundete Juristinnen und Juristen 1975 das Anwaltskollektiv Zürich gründeten, stieg ich dort als Sekretärin ein, wir vertraten im Grundsatz die Kleinen gegen die Grossen: Mieterinnen und Mieter gegen Vermieter, Arbeitnehmerinnen gegen Arbeitgeber. Und setzten uns zudem für all die Leute ein, die aus politischen Gründen im Knast verschwunden waren. Dass Jüre und ich uns mit unseren Aktionen selber dem Risiko aussetzten, im Gefängnis zu landen, war uns immer klar. Wir waren nicht blauäugig.

Trotzdem kam unsere Verhaftung im November 1981 so überraschend wie anderthalb Jahre zuvor der Opernhauskrawall. Ein Freund hatte sie mitzuverantworten, Jürg Bollmann, ein ehemaliger Arbeitskollege von Jüre. Wir kannten ihn schon lange, haben oft die Wochenenden mit ihm und seiner Familie verbracht, geredet, gelacht, im Widerstand zusammengearbeitet, er hat uns in der Kiesgrube das Schiessen beigebracht. Ich erinnere mich, wie er irgendwann an die Bäckerstrasse kam und erzählte, die Polizei habe ihn »umdrehen« wollen. Wir lachten sehr über dieses absurde Vorhaben. Sehr viel später erfuhren wir, dass ihn die Kantonspolizei tatsächlich gekauft hatte und er danach auch als Informant für das Büro S tätig wurde. Dass er uns verraten hat, haben wir erst realisiert, als wir bereits im Gefängnis waren. Ich konnte es lange Zeit nicht glauben – ein Freund.

Natürlich hat es, rückblickend betrachtet, ein, zwei Situationen gegeben, die uns auf die Observation durch die Polizei hätten aufmerksam machen müssen. Der Mann mit Hund, der an einem Sonntagmorgen früh in der Nähe eines unserer Verstecke auftauchte zum Beispiel. Wir haben die unguten Gefühle beiseitegewischt, wir wollten nicht aufgeben, unser Kampf für eine gerechtere Gesellschaft hatte erst begonnen. Auf die Isolationshaft war ich verhältnismässig gut vorbereitet. Ich wusste, was kommt. Aus den Briefen von Leuten, die das schon erlebt hatten, hatte ich viel gelernt: von Petra Krause zum Beispiel, die im Bezirksgefängnis Zürich inhaftiert gewesen war, oder von Ulrike Meinhof, einem Gründungsmitglied der RAF.

Ich wusste, dass ich mir von Beginn an eine Tagesstruktur auferlegen musste, wenn ich nicht durchdrehen wollte, und wie wichtig die Aussageverweigerung ist. Wenn du nichts sagst, bist du nicht angreifbar, du schützt deine Mitstreiterinnen und Mitstreiter und dich selbst. Mein grosses Glück war, dass ich schreiben konnte und schon immer viel gelesen habe. Wer das nicht kann, und wer draussen keine solidarischen Freundinnen und Freunde hat, ist verloren. Wir beide, Jüre und ich, wurden enorm unterstützt, bekamen jeden Tag

Briefe, bis zum Schluss. Ich wollte nicht zur Märtyrerin hochstilisiert werden, war weder Opfer noch Heldin. Ich war einfach jemand, dem Fehler unterlaufen waren.

Die Tage im Bezirksgefängnis Zürich, wo ich das erste Jahr eingesperrt war, waren lang. Man erlaubte mir nicht den geringsten Kontakt zu anderen Gefangenen. Bis auf die Stunde Hofgang, die ich – auch allein – zugute hatte, sass ich in der Zelle. Mein Fenster nach draussen waren die WoZ, der »Spiegel«, die NZZ und die Briefe meiner Freundinnen und Freunde. Über einen Lautsprecher hatte ich Radioempfang, aber jedes Mal, bevor Nachrichten gesendet wurden, wechselten die Aufseher den Sender.

Tageslicht drang nur durch das kleine Fenster sehr hoch oben in die Zelle. Die Luke war vergittert und mit Sichtblenden versehen. Wenn ich auf den Knauf der Wasserspülung stand, konnte ich mich hochziehen und auf ein Stück Innenhof schauen. Eines Tages schlug ich das Verbundglas der Sichtblenden kaputt, sah den Himmel und an anderen Fenstern die Gesichter von Mithäftlingen. Ich bekam vier Tage Bunker, danach brachte man mich in die gleiche Zelle zurück, die Sichtblenden hatte man nicht ersetzt. Die Aufseherinnen waren immer korrekt und haben mich respektiert, gesprochen haben wir allerdings nie miteinander.

Das offene Fenster erlaubte mir das Pendeln. Das bedeutet, an einer Schnur etwas aus dem Fenster hängen zu lassen und so lange hin- und herzuschwingen, bis es ein Gefangener im unteren Stock greifen kann. Wenn dir als Mensch der Kontakt zu anderen Menschen verboten wird, machst du alles, um kommunizieren zu können, egal, mit wem. Mein neuer Komplize war irgendein Kokain-King. Wir tauschten Briefe aus und Esswaren. Bald waren wir zu dritt und begannen, unsere Einkäufe zu koordinieren: Jemand kaufte Früchte, ein anderer Joghurt oder Getreideflocken, ich habe das Material zu mir hochgezogen, Birchermüesli gemacht und dieses wieder runtergeschickt. Das waren Highlights im Alltag, kleine Siege über das System. Nachdem der Kokaindealer seitlich versetzt worden war, dauerte es recht lange, bis wir wieder Kontakt hatten. Anstatt jeden Abend neu zu pendeln, bauten wir jetzt eine permanente Verbindung mit Zahnseide. Wir schrieben Artikel und tauschten sie aus, wir wollten damit eine Knastzeitung machen. Daraus wurde leider nichts: Die Abstimmung über den Neubau des Bezirksgefängnisses Zürich war in den Medien, und das Schweizer Fernsehen kam vorbei, irgendjemand entdeckte unsere in der Sonne glänzende Installation, und ich wurde umgehend nach Pfäffikon versetzt. In einen Neubau, der Horror! Absolut schallisoliert, noch stärker gesichert. Die Zelle unter mir liess man leer.

Besuche wären auf Antrag möglich gewesen – hinter Trennscheibe, mit laufendem Tonband und einem »Schmierlappen« als Aufsicht. Ich verzichtete darauf. Sogar meinen Anwalt Bernard Rambert durfte ich nur durch eine Trennscheibe sehen. So kann man doch keinen Prozess vorbereiten, und darum weigerte ich mich, an unserem ersten Prozess im Februar 1983 teilzunehmen. Ziemlich schnell haben sie mir dann die Briefe rationiert, noch vier pro Woche waren erlaubt, maximal zwei Seiten lang.

Selbstverständlich wurde jeder Brief, den ich bekam, jeder, den ich schrieb, kopiert und archiviert. Im Juli 1983 kam es zu einem zweiten Prozess, das Strafmass wurde auf fünfeinhalb Jahre verkürzt. Nach weiteren zehn Monaten Isolationshaft in Pfäffikon wurde ich nach Hindelbank versetzt, in den

Hochsicherheitstrakt, wo Gabi Kröcher-Tiedemann seit 1978 einsass. Weil es in der Schweiz gar keine Hochsicherheitsgefängnisse für Frauen gab, hatte der Kanton Bern in Hindelbank einen Sondertrakt gebaut, speziell für Gabi, die in der Schweiz verhaftet worden war. Gabi war Mitglied der Widerstandsbewegung »2. Juni« und sass wegen versuchten Mordes im Knast. Plötzlich war ich nicht mehr allein, sondern Tag für Tag mit einer Person zusammen, die ich aus Briefen, aber nicht persönlich kannte. Zum Glück verstanden wir uns von Anfang an gut.

Am 10. Juli 1985, nach knapp vier Jahren, wurde ich nach zwei Dritteln der Strafe entlassen, obwohl ich keinen entsprechenden Antrag gestellt hatte. Ich erinnere mich genau an den Moment, an dem ich morgens um neun vor die Türen des Knasts trat. Ich hatte Freundinnen und Freunde gebeten, mich mit einem grossen Auto abzuholen, denn es habe sich so viel Zeugs angesammelt: die Ordner, in denen ich die Briefe abgelegt hatte, mein Archiv mit Zeitungsausschnitten zu bestimmten Themen und meine Bücher. In der winzigen Zelle sah das nach unglaublich viel aus. Meine Freunde standen an jenem Morgen mit einem Zügelauto vor der Tür, und ich stellte meine drei kleinen Kisten auf die sonst leere Ladefläche.

Ja, die Zeit im Knast hat mich verändert. Ich glaube, ich bin offener und netter rausgekommen, als ich reingegangen bin.

# Leerzeiten

Ende Mai 1984 lieferte Schaffner der Zentrale seine Einschätzung der momentanen Lage der Szene ab:

> Ausschreitungen wie 1980/81 sind nicht zu erwarten, einzelne Scharmützel mit der Polizei sind in nächster Zeit möglich. (PS. In der Szene zeigt man gewissen Respekt vor dem Verhalten und der Taktik der Polizei in letzter Zeit...)
>
> Nacht-und-Nebel-Aktionen sind nach wie vor zu erwarten. Mit dieser »Kampfform« ist möglicherweise in nächster Zeit sogar in vermehrtem Masse zu rechnen.

Die Leerzeiten setzten dem Spitzel zu. »Wenn ich heute an meine Insider-Zeit zurückdenke und mir vor Augen führe, dass ich die beste Zeit meines Lebens, die Jahre zwischen 30 und 35, mehrheitlich damit verbracht habe, Zeit totzuschlagen, greife ich mir an den Kopf.«

Die Verlockung, selber etwas zu inszenieren, um dem »Mutterhaus« etwas liefern zu können, sei da gewesen, sagt Schaffner. Er betont aber, der Versuchung nie erlegen zu sein. »Ich habe nie etwas gemeldet, was nicht gewesen ist.« Abgesehen von ein paar unüberlegten Äusserungen sei er nie zum Agent Provocateur geworden. Über entsprechende Vorwürfe, die später gegen seinen Insider-Kollegen Truniger erhoben wurden, will er nicht sprechen. Truniger selber, der nach wie vor bei der Polizei arbeitet, schreibt mir, dass er nach Rücksprache mit dem Kommando kein Interview geben dürfe.

Im Frühjahr 1984 wurde Schaffner von Michi Morf zu einem Abendessen eingeladen, an dem auch der Anwalt Bernard Rambert, KGI-Mitglied, Andrea Stauffacher und weitere führende Köpfe der Bewegung teilnahmen. Die Quittung des denkwürdigen Abends im Restaurant Rothus in Zürich bewahrt er bis heute auf. Er hatte eine Flasche Wein für 38 Franken spendiert.»Das war oberste Stufe«, sagt Schaffner. Auch jetzt, mehr als dreissig Jahre später, ist der Respekt vor der Situation zu spüren.»Da wurde auf einem Niveau debattiert, das nicht meins war.«

Zum Glück seien die Anwesenden so sehr mit sich selber beschäftigt gewesen, dass er als schweigender Beisitzer nicht auffiel.»Nie mehr!«, schwor er sich trotzdem, als er sich spätabends verabschiedete. Den Wert solcher Treffen habe man überbewertet. Es sei nicht so gewesen, dass an solchen Nachtessen der Bombenanschlag des nächsten Tages besprochen wurde.»Da wurde geredet und diskutiert wie andernorts auch. Nicht selten ganz einfach über Gott und die Welt.« Und selbst wenn, was hätte er mit dem Wissen um einen geplanten Anschlag machen sollen? Natürlich hätte er das mitteilen müssen.»Und dann? Die Leute im Vorfeld verhaften?« Im Juni 1980 hatten seine Kollegen einmal vor einer Demonstration ein paar der vermeintlichen Rädelsführer präventiv verhaftet. Linke Politiker seien ausgeflippt, ein zweites Mal würde man dieses Instrument nicht einsetzen können.

Trotzdem waren Schaffners Vorgesetzte der Meinung, dass es

ihn als Insider weiterhin brauche. Man hatte inzwischen eingesehen, dass er, um seinen Radius vergrössern zu können, ein eigenes Fahrzeug benötigte. Sein dunkelroter Sportwagen, ein Triumph TR7, eignete sich definitiv nicht für Recherchen in der Bewegung. Einmal mehr zeigte man sich, was die rechtlichen Grundlagen anging, flexibel: Die Abteilung »Garage« der Stadtpolizei organisierte einen alten Opel, inklusive eines auf den Alias-Namen ausgestellten Fahrzeugausweises.

»Unglaublich, wenn ich mir das heute vorstelle.« Über die Konsequenzen habe damals niemand nachgedacht. Man sei überzeugt gewesen, dass er das Auto brauche, weiter habe man sich keine Gedanken gemacht. Der beige Opel Rekord E 1900, Jahrgang 1978, mit dem Kontrollschild: ZH 193 863 gehörte nun Willi Schaller, Badenerstrasse 285, 8003 Zürich.

Schaffners Tage verliefen auch mit Auto oft ereignislos. Lief längere Zeit nichts, zog sich Schaffner nach wie vor in Lokale im »sicheren« Kreis 1 zurück, und wenn er das Rumhängen überhaupt nicht mehr aushielt, rief er seinen »Arbeitgeber« Korth an und ging ein paar Stunden für ihn putzen. Anfang Januar 1984 allerdings fühlte sich der Polizist in alte Zeiten zurückversetzt, die Szene war in Aufruhr, endlich bewegte sich wieder etwas in der Stadt: Am Stauffacher hatten sich mehrere hundert Menschen versammelt, um gegen die geplante Räumung besetzter Liegenschaften an der Badenerstrasse zu demonstrieren. Die seit längerem von Kommunen bewohnten Häuser sollten einer umstrittenen Überbauung weichen.

Schaffner wusste zu diesem Zeitpunkt bereits, dass die Demonstrierenden vergebens unterwegs waren, dass man räumen würde, komme, was wolle. Einer von Schaffners Insider-Kollegen hielt sich unerkannt in einem der Häuser auf und berichtete regelmässig. Darum wusste Schaffner auch, dass es die Kollegen bei der

Räumung nicht einfach haben würden. Die Besetzer planten, die Treppenhäuser der Liegenschaften zu verbarrikadieren.

Die Stürmung der Häuser war auf den Donnerstagmorgen, den 12. Januar, angesetzt. Schaffner stand früh auf, um das Schauspiel aus sicherer Distanz zu beobachten. Solch spektakuläre Polizeieinsätze waren ebenfalls selten geworden: Seine Kollegen planten, übers Dach einzusteigen.

# Steff Fischer

*Fortsetzung von Seite 36*

Mit Willy Schaffner hatte ich während meiner Zeit als Bewegter nie persönlich zu tun, er war ein Bekannter meines Freundes Michi Morf, der ein äusserst unterhaltsamer, lustiger Mensch war, aber ein Alkoholproblem hatte. Das wussten alle in der Bewegung, viele haben sich darum von ihm distanziert. Nicht so Schaffner. Morf sass tagein, tagaus im Café Sport, und da ist auch der Schaffner ein und aus gegangen. Etwas hart ausgedrückt, war das Café Sport ein Treffpunkt von frustrierten, in die Jahre gekommenen Bewegten, dort wurde vor allem gesoffen. Es tut mir leid, wenn ich das so sage, aber so war es. Das ist auch eine leise Kritik an Willy Schaffner. Er hat wohl lange nicht gemerkt, dass dort nicht die Drahtzieher sassen. Aber vielleicht dachte Schaffner ja auch einfach: Ich sitz jetzt da und höre mir das an, mein Lohn kommt ja sowieso. Das könnte ich verstehen.

Dass er es bis in die »Boy«-Sitzungen geschafft hat, mag ich ihm gönnen. Da war er dann wirklich am richtigen Ort. Wir, die damals die Sitzungen organisiert hatten und auch an Demos und Vollversammlungen oft an den Mikrofonen standen, waren uns immer bewusst, dass Spitzel zuhörten.

Einige von uns litten schon fast an Spitzel-Paranoia, sahen sie überall, trotzdem ist mir der Schaffner nie aufgefallen. Das kommt wohl daher, dass mich weder die Spitzelfrage noch der militante Kampf gegen die Polizei jemals interessiert haben. Ich kämpfte für die freie Sicht aufs Mittelmeer, mir gefiel das Ironische, Dadaistische, Kreative der Szene, diese unbändige Lust am Leben. Wir waren, was man heute hedonistisch nennt, wir sagten: Ja, wir leben gern, wir trinken gern, und wir nehmen auch mal Drogen. Wir zogen in Kommunen zusammen, versuchten, ohne Privateigentum auszukommen. Das ging so weit, dass wir diskutierten, ob man auch Unterhosen teilen kann. Wir stritten uns sogar darüber, ob Unterwäsche nach einer Sechzig-Grad-Wäsche hygienisch genug ist, um geteilt zu werden.

Die Besetzung der Häuser an der Badenerstrasse am Stauffacher war 1984 mein persönliches Highlight der Achtziger-Bewegung. Ein einziges Fest, ein wunderbares Erlebnis. Die Polizei hatte Ende Jahr die Räumung angekündigt, die Besetzer der Häuser hatten daraufhin andere Bewegte aufgerufen, sie zu unterstützen. Als die Polizei ein Ultimatum zur Räumung verkündete, geschah etwas ganz Ähnliches wie beim Opernhauskrawall: Wildfremde Leute solidarisierten sich, andere Wohngemeinschaften zogen kurzfristig in die Häuser ein, Quartierbewohner schlossen sich den Protesten an. Im Hinterhof hatten wir einen kleinen Kulturort eingerichtet, wo wir Feste feierten und Veranstaltungen durchführten. Auch Leute, die niemals ein Haus besetzt hätten, besuchten die Konzerte und Diskussionsabende. Kurz vor der Räumung beschlossen wir, das Treppenhaus zu verbarrikadieren, der Zugang zum Haus war dann nur noch über einen Flaschenzug möglich. Gastronomen und Anwohner versorgten uns über den Lift mit Wein, frisch gebratenen Hühnern, den besten Mahlzeiten. Wenn die Bullen schon räumen wollten, dachten wir, dann mit etwas Einsatz. Als an einem kalten Januarmorgen schliesslich der erste Polizist über das Dach ins Haus eingestiegen war, begrüssten wir ihn mit Champagner. Nach der ersten Irritation bedauerte er, im Dienst nicht trinken zu dürfen. Wir bedauerten ebenfalls und stiessen selber auf die Räumung an.

# Res Strehle

*Fortsetzung von Seite 43*

Als die Bewohner der besetzten Häuser am Stauffacher den
Räumungsbefehl bekamen, arbeitete ich als Journalist bei
der WoZ. In den Häusern fanden regelmässig öffentliche
Veranstaltungen statt, die Stauffacher-Besetzung war eine
der grossen kreativen Aktionen mit eigenen Rap-Songs,
Theateraufführungen im Garten, Diskussionsrunden zu den
verschiedensten Themen. Eines Abends besuchte ich in meiner Funktion als Journalist eine dieser Veranstaltungen, danach war ich des Öfteren dort. Wenige Tage vor der ange-
kündigten Räumung verbarrikadierten die Besetzer das
Treppenhaus, Besucherinnen und Besucher wurden mit einer
Art Flaschenzug hochgezogen. Die Stimmung im Haus war
speziell, irgendetwas zwischen Melancholie und trotziger
Ausgelassenheit. Kurz vor Ablauf des Räumungsultimatums
hiess es um elf Uhr nachts, wer jetzt nicht rausgehe, müsse
im Haus übernachten, der Flaschenzug werde hochgezogen.
Ich hatte keine Lust, schon heimzugehen. Irgendwann schlief
ich auf einem Sofa ein. Am nächsten Morgen begab ich mich
schlaftrunken zur hauseigenen Bar und bat den Typ, der hinter dem Tresen stand, um einen Kaffee.»Den musst du aber

schnell trinken«, sagte dieser und zeigte aus dem Fenster: Das Haus war mit Polizisten in Vollmontur umstellt... Wenige Minuten später stand bereits der erste Beamte in der Wohnung, wir wurden in Handschellen gelegt und abgeführt. Beim Kastenwagen angekommen, wies mir ein Polizist äusserst höflich den Weg ins Innere: »Bitte, Herr Doktor Strehle.«

Auf dem Polizeiposten wurden wir – getrennt nach Geschlechtern – in Gemeinschaftszellen untergebracht, wir waren insgesamt rund siebzig. In regelmässigen Abständen wurden Einzelne zum Verhör abgeholt. Einer der Verhafteten arbeitete beim Anwaltskollektiv, er machte uns darauf aufmerksam, dass wir als Untersuchungshäftlinge das Recht auf Verpflegung hätten. Um halb eins beschlossen wir, uns den Verhören so lange zu verweigern, bis uns Mittagessen serviert worden war. Eine Stunde später tauchten tatsächlich Beamte mit einem riesigen Topf voll Suppe und Würstchen auf.

Der späteren Gerichtsverhandlung blieben wir alle fern. Wir organisierten einen Gegenprozess, an dem wir den Spekulanten und der Polizei den Prozess machten – eine unvergessliche Aktion.

Mein persönlicher Höhepunkt folgte allerdings erst ein Jahr später: Ich hatte eine Demonstration gegen die Apartheid in Südafrika mitorganisiert. Prominenter Redner der Kundgebung sollte der südafrikanische Dichter und Widerstandskämpfer Dennis Brutus sein. Wir versammelten uns am Paradeplatz, ungefähr 2000 Aktivistinnen und Aktivisten kamen, um gegen die Rolle der Schweizer Banken in Südafrika zu demonstrieren. Wir waren bereits Richtung Rote Fabrik unterwegs, als wir erfuhren, dass Brutus am Flughafen Zürich an der Einreise gehindert wurde. Wir stoppten umgehend und setzten uns mitten auf die Strasse. Es war Samstagnachmittag, viel Verkehr, überall Passanten, die Polizei war sichtlich überfordert. Eine Stunde lang sassen wir da, als plötzlich ein Streifenwagen mit Blaulicht heranraste. Die Türen öffneten sich, und aus dem Wagen stieg – eskortiert von zwei Beamten – Dennis Brutus.

# Fehler

Die Besetzung am Stauffacher war Geschichte. Schaffner kehrte in seinen von Langeweile geprägten Spitzelalltag zurück. Immerhin konnte er wieder regelmässig heim ins Urnerland. Via Auto wechselte er die Identität: Nach getaner Arbeit fuhr er mit dem beigen Opel auf einen Parkplatz in Maur, stieg dort in seinen roten Sportwagen und fuhr weiter Richtung Uri. »Kaum sass ich in meinem eigenen Auto, war ich ich selber. Es war, als ob ich einen Schalter umlegen konnte.« Die Berge machten ihn ruhig – in seinem Tal stellte niemand Fragen. Wenn doch einmal jemand wissen wollte, was er in der Stadt mache, behauptete er, Ermittler in der Drogenszene zu sein.

Nur einmal, da wollte es ein Bekannter genauer wissen. Schaffner sass zusammen mit ihm und zwei weiteren Gästen im Restaurant Hirschen in Amsteg. Es war spät geworden, man hatte mehr als einen Jass geklopft. »Sag mal«, fragte einer der Tischnachbarn, »ihr bei der Drogenfahndung, habt ihr da auch falsche Namen? So wie die im Krimi?« Der Insider konnte der Versuchung nicht widerstehen und kramte seine beiden Ausweise hervor, den echten, der auf Willy Schaffner lautete, und jenen, der ihn zu Willi Schaller machte.

Die Erinnerungen an seine »Fehlleistungen« bringen ihn bis heute aus dem Konzept. Er würde sie am liebsten ungeschehen machen und will schon gar nicht darüber reden. »Eine Katastrophe«, sagt er kopfschüttelnd, »so etwas darf nicht passieren. Absolut nicht!« Die Antwort auf die Frage, warum er es trotzdem gemacht habe, kommt nicht sofort. »Das Ego wohl.« Nur drei Leute waren am Tisch, damals. Wer von diesen den Vorfall später der Presse erzählt hat, das weiss Schaffner bis heute nicht. »Ich habe eine Vermutung, mehr nicht.« Schaffners Frau, die an der Küchenkombination steht und Steinpilze schneidet, klärt mich auf: »Hier oben schweigt man lieber, das muss man erst lernen, wenn man von Zürich hierherzieht.«

Tatsächlich ist die Frau des pensionierten Polizisten keine aus dem Tal. Es ist Margrith, die Tochter der Wirtin aus dem Café Peter in Gockhausen, die er dort als junger Uniformierter kennen gelernt hat und deren Hund genauso wie er hiess.

Die Frage, ob er Fehler begangen habe, weil er mit der Zeit zu selbstsicher geworden sei, kann Schaffner nicht klar beantworten. Er meint, es sei ihm hauptsächlich darum gegangen, sein Alias zu stärken. Auch damals, als er daheim in Amsteg sein altes Flobert-Gewehr in den Kofferraum des TR7 legte. Auf dem Parkplatz in Maur nahm er es in sein Spitzel-Auto und fuhr damit nach Zürich. Ziel dieser Aktion, so Schaffner, sei gewesen, die Waffe auf dem Polizeiposten in Sicherheit zu bringen. Gern spricht er auch über diesen Vorfall nicht. »Muss das ins Buch?« Es war Sommer damals, eine laue Nacht. Der Polizist hatte im Kreis 4 Marco Dill getroffen und mit ihm ein paar Leute in einer Kommune besucht. »Ich bringe dich heim«, bot Schaffner Dill spätnachts an. Bevor sie in den Opel stiegen, öffnete er den Kofferraum und zeigte Dill das Gewehr. »Man weiss nie, wenn man so etwas brauchen kann«, meinte er verschwörerisch.

Er habe Anerkennung gesucht und wohl in naiver Weise gedacht, so etwas mache ihn glaubwürdiger und interessanter, sagt er heute. Wenige Monate später wird Dill der WoZ von diesem Vorfall erzählen, und ein paar Jahre später wird Schaffner zu Dill befragt werden. Man wird diesen in Deutschland als Mitverursacher eines Brandanschlages verurteilen.

In Gockhausen, im Café Peter, merkte Margrith Hobi, dass es Schaffner nicht gut ging. »Er verschloss sich immer mehr«, sagt sie rückblickend, er habe unglücklich gewirkt, gestresst, und sie habe gemerkt, wie wichtig die Gespräche mit ihr für den Polizisten geworden seien, und ja, er habe sich ihr anvertraut – ihr von seiner Insider-Tätigkeit erzählt. Auch in ihrem Leben lief es nicht rund: In der Ehe kriselte es seit längerem. Sie hatte inzwischen einen dreijährigen Sohn – Philipp. War er ebenfalls im Café und sah Willy, winkte er ihm fröhlich zu. Margriths Mutter merkte, dass sich da etwas anbahnte zwischen ihrer Tochter und dem Polizisten. Sie zitierte sie in die Küche und sagte: »Margrith, der ist nichts für dich. Ist das klar?!«

Margrith verstand die Bedenken ihrer Mutter nur zu gut. Schaffner war alles andere als ein Traum-Schwiegersohn: schlecht gekleidet, ständig unterwegs und von der Art her schwierig. Ganz sicher keiner, mit dem man über Gefühle sprechen konnte. Trotzdem war Margrith von diesem Mann fasziniert. Wenn Schaffner mit Philipp spielte, war er ein anderer Mensch: Er lachte, neckte den Kleinen, brachte Geschenke mit. Margrith war mit einem Stiefvater aufgewachsen, mit dem sie keine einfache Beziehung gehabt hatte. Mit Willy und Philipp würde das anders werden, war sie überzeugt, und noch etwas gefiel ihr: dass Schaffner sie in keiner Art und Weise drängte.

Ab und zu gingen die elegante Frau und der nachlässig gekleidete Mann jetzt spazieren oder gemeinsam einkaufen in Dübendorf. Einmal liefen sie dabei einem Zürcher Aktivisten über den Weg, Schaffner zuckte zusammen. Grundlos, wie sich sofort herausstellte: Der Aktivist grüsste höflich.

Ende November 1983 wurde Schaffners Kollege Truniger zurückgezogen. Die interne Information war knapp, eine Begründung für den Rückzug blieb aus. Für den Schaffner wurde es mit jedem Monat schwieriger. Grössere Aktionen fanden, wenn überhaupt, nur noch am Wochenende statt. Tagelang sass er in Kneipen rum, versuchte, irgendetwas aufzuschnappen, das er rapportieren konnte. In der Zentrale war man froh, ihn weiterhin eingeschleust zu wissen. Gerade jetzt, kurz vor der Wiedereröffnung des Opernhauses nach dem grossen Umbau, wollte man auf dem Laufenden sein.

Am 1. Dezember 1984 sollte der renovierte Stein des Anstosses mit viel Pomp eröffnet werden; dass dieser Anlass nicht sang- und klanglos über die Bühne gehen würde, war nicht nur dem Insider klar. Die Zeitung der Roten Fabrik hatte der Eröffnung bereits die ganze Frontseite gewidmet. Die »Chorgruppe Opern-Air« werde am Samstagabend um neunzehn Uhr vor dem Opernhaus auftreten, war da zu lesen, und es wurde bedauert, dass die »Chöre der Profi-Jugend, der Gefangenen, der Berliner Punker, der Gaffer, der Alt- und Jungdrahtzieher und der Mitläufer« ihr Programm noch nicht angemeldet hätten. Bereits zwei Tage vor dem Erscheinen der Fabrikzeitung hatte Schaffner eine Broschüre in die Finger bekommen, welche »Die meisterlichen Widersingerinnen von Zürich« ankündigte. Auch sie wollten zur Eröffnung des Opernhauses auftreten. Als Schaffner am besagten Abend auf der Sechseläuten-Wiese ankam, waren schon rund 300 Leute da. In Schaffners Rapport wird später stehen: »Der anwesende Personenkreis liess darauf schliessen, dass die ganze Angelegenheit nicht friedlich verlaufen konnte.«

Doch die Bewegten zeigten sich wieder einmal von ihrer kreativen Seite. Wider Erwarten wurde zunächst tatsächlich nur gesungen, kein Stein flog, keine Baulatte. Die uniformierten Kollegen hatten das Opernhaus umstellt, für die Demonstrierenden war kein Durchkommen. »Das wurde eingesehen«, schrieb Schaffner in seinen Rapport. »Erst später«, ist nachzulesen, »marschierten einige Gruppen Richtung Limmatquai und liessen den Chaotismus voll zum Zuge kommen.« Mehr als fünfzig Schaufensterscheiben gingen dabei in die Brüche, und drei Fahrzeuge wurden beschädigt. Nach Ende der Demonstration zog sich ein Teil der Aktivistinnen und Aktivisten in die Bar des Quartierzentrums Aussersihl zurück und feierte gehörig. Schaffner rapportierte: »Die Bar (legal oder illegal?) ist ein Magnet, der die verschiedensten Leute anlockt. Die Aktivitäten hier dauern meist bis in die Morgenstunden hinein.«

Ja, er habe genug gehabt damals, sagt er heute, obwohl er nach wie vor überzeugt gewesen sei, eine wichtige Arbeit zu leisten. Die langen, leeren Tage zermürbten ihn, immer öfter dachte Schaffner über den Ausstieg nach.

Der stattliche pensionierte Polizist wirkt kleiner auf seinem Platz auf der Eckbank in der Küche in Gurtnellen. Zusammengesunken. Er denkt nach. Die letzten Jahre seines Einsatzes als Insider wird er wohl nie mehr ganz aus den Knochen bringen. Er sei vom Typ her halt ein Ausführender, sagt er irgendwann, »eher von aussen als von innen gesteuert«.

# Rückzug

Willy Schaffner und Margrith Hobi kamen sich näher. Immer öfter fuhr der langhaarige Polizist spätabends mit seinem roten Sportwagen jetzt nicht mehr in seine Wohnung in Dübendorf, sondern in die Dreizimmerwohnung seiner Freundin in Benglen. Einfach sei ihre Beziehung nie gewesen, erinnert sich Schaffners heutige Frau. Anfangs habe sie nie gewusst, wann sie Willy sehen würde und wann nicht. Manchmal sei er frühmorgens heimgekommen, manchmal mehrere Tage gar nicht. Zudem, sagt sie, die damals als Bijouterieverkäuferin arbeitete, sei der Mann mit dem Vollbart, den zerrissenen Hosen und der Nickelbrille nicht das gewesen, was sie ihren Freundinnen gern präsentiert hätte.

Willy machte es Margrith auch sonst nicht einfach: Beziehung hin oder her – freie Wochenenden verbrachte er weiterhin in der Innerschweiz. Sie protestierte, merkte aber schnell, dass dies nichts bewirkte. »Hätte ich ihn vor die Wahl gestellt, hätte er nicht mich, sondern das Urnerland gewählt«, sagt sie später, als wir draussen auf dem Sitzplatz die kurze Zeit geniessen, in der die Sonne aufs Holzhäuschen scheint.

Margrith erinnert sich genau daran, wie sie Willy das erste Mal nach Erstfeld, wo seine Mutter inzwischen lebte, begleitet hat. »Mir ist ein Licht aufgegangen«, sagt sie. »Im Tal war er einer, der es geschafft hat in der Grossstadt, einer mit einer guten Anstellung beim Staat.« Auch die Mutter lobte ihren Sohn in den höchsten

Tönen. »Er missbraucht das Vertrauen anderer Menschen«, sagte sie genervt, aber die Schwiegermutter in spe wollte Margriths Bedenken nicht hören.

Im Frühling 1985 war es dann so weit: Schaffner hatte genug. Er erklärte seinen Vorgesetzten, dass er den Insider-Job an den Nagel hängen wolle. Kurz vorher war er von Kollegen aufgeboten worden, seinen jüngeren Bruder Albert zu identifizieren. Er war – weit weg von der Familie – in einem Wohnheim von Pfarrer Sieber gestorben.

Der Polizist bat um eine Auszeit. Dass er nach der langjährigen Tätigkeit in der Szene eine Pause brauchte, sahen die meisten seiner Vorgesetzten ein. Ihm wurde die nötige Zeit zugestanden, um sein Aussehen und sein Verhalten wieder der »Normalbevölkerung« anzupassen. Aus der Bewegung verabschiedete er sich Ende Mai mit dem Hinweis, er wandere nach Italien aus. Auch diesmal stellte niemand Fragen. Der Vermieterin der Alias-Wohnung schrieb er auf, was sie sagen sollte, falls sich jemand nach ihm erkundigen würde. Das tat aber niemand, und bereits im Oktober mietete das KK III im selben Haus wieder ein Zimmer und quartierte dort den Insider René Grenacher ein. Er war als »René Gross« in der Anti-AKW-Bewegung unterwegs. Kurz zuvor hatte das KK III einen weiteren Insider eingeschleust: Heinrich Burch alias »Henry Gasser«, der offiziell an der Kochstrasse wohnte, beackerte die Szene rund um das Kulturzentrum Kanzlei.

Schaffners Einsatz sah man als erledigt an. Fertig. Schluss. Es gab weder ein Abschlussgespräch noch eine Auswertung der geleisteten Arbeit, es war, als ob es die letzten fünf Jahre nicht gegeben hätte. Schaffner fragte Margrith, ob sie ihn für ein paar Monate ins Tessin begleiten würde. »Ich muss normal werden«, sagte er zu ihr. »Endlich«, dachte sie und stimmte ohne Zögern zu. »Die Umerziehungsphase begann«, sagt sie heute und lacht. Margrith bat ihren Chef um Urlaub und fuhr mit Willy und Sohn Philipp nach Melera im Valle Morobbia. Die Miete für das Ferienhaus – 1600 Franken pro Monat –, in dem der Insider den Weg zurück in ein normales Leben finden sollte, ging nicht auf Spesen, er bezahlte sie selber.

Sein Stiefsohn Philipp ist heute 35 Jahre alt, Informatiker und Vater zweier kleiner Söhne. Er erinnert sich nur schwach an die Zeit im Tessin. Ich treffe den gross gewachsenen Mann in der Eigentumswohnung der Familie, hoch über dem See in Horgen. Philipp Hobi stellt gleich zu Beginn klar, dass Willy für ihn nicht sein Stiefvater sei, sondern sein Vater. »Er war immer für mich da, das ist, was zählt, nicht die Biologie«, sagt er und nimmt einen Schluck aus seinem hohen Latte-macchiato-Glas. Wenn er ans Tessin zurückdenkt, fällt ihm vor allem die »ernste Stimmung« im Bergdörfli ein. »Ich glaube, nicht einmal meine Grosseltern wussten genau, wo wir waren«, und auch den Kontakt zu den Bewohnern des Dorfes habe man nicht gesucht. »Jedenfalls erinnere ich mich nicht, jemals mit anderen Kindern gespielt zu haben.«

Eines Nachmittags griff Margrith zur Schere, schickte Willy auf den Gartensitzplatz und schnitt ihm sodann den Bart ab. Zuerst nur die eine Hälfte, die andere liess sie stehen. Er stand auf, ging zum Spiegel. »Das war schon ein sehr spezieller Moment«, sagt er heute, »einen, den man nie mehr vergisst.«

Aus Zürich hörte er nichts. Schaffner beschloss, auf eigene Faust einen Abschlussbericht zu schreiben; seine Erfahrungen, was er gelernt hatte in den fünf Jahren, die er für diesen Job geopfert hatte, sollten nicht vergebens sein. So setzte sich der sauber rasierte Mann im fein karierten Sommerhemd eines Morgens mit seiner kleinen Hermes an den Gartentisch, warf einen Blick auf die Tessiner Berge und begann zu tippen:

Nebst technischen Massnahmen ist der Insider
im Nachrichtendienst zu einer kaum mehr
wegzudenkenden Informationsquelle geworden.
Zukünftig sollte auf diese Art der Informationsbeschaffung nicht mehr verzichtet werden.

Die Anforderungen, welche die heikle Aufgabe an einen Beamten
stellt, umschreibt Schaffner wie folgt:

Nebst etwas Begabung für die aussergewöhn-
liche Tätigkeit sowie einigen allgemeinen
und politischen Grundkenntnissen braucht
es etliches an Ausdauer, Verzicht, Umstel-
lung und vor allem Glück, um überhaupt den
Einstieg in die Szene zu schaffen. Aben-
teurer und Phantasten sind völlig fehl am
Platz. Ein Insider führt ein Doppelleben.
Psychophysisch kann diese Tatsache nicht
jedermann gleich verkraften!

Schaffner listet wichtige Voraussetzungen für den Job auf:

• Alter zwischen 23 und 30 Jahren
• Ledig oder ohne feste Bindung (wichtig!)
• Charakterfestigkeit
• Anpassungsfähigkeit für die Umgangsformen
der Szene
• Verzicht auf bestimmte Kontakte zu
bisherigen Bekannten und Freunden
• Aufträge und Wünsche von Vorgesetzten

entgegennehmen können und diese genau und
korrekt erledigen

• VERSCHWIEGENHEIT

Mit der nicht zu unterschätzenden Gefahr
eines

• GESINNUNGSWANDELS = UMKIPPEN AUF DIE
ANDERE SEITE

sah ich mich während der ganzen Insider-
Tätigkeit nie konfrontiert.

DIE FÜNF JAHRE UNTERGRUNDARBEIT BETRACHTE
ICH ALS ABGESCHLOSSENEN LEBENSABSCHNITT.

Unter dem Titel »Verhalten an Veranstaltungen und Sitzungen«
riet Schaffner künftigen Spitzeln Folgendes:

• Ungezwungen und locker erscheinen
• Vor Beginn des Anlasses versuchen, mit
anderen Szenisten ins Gespräch zu kommen
• Grundsätzlich möglichst viel festhalten
und dies später zu Handen des KK III
notieren
• Bei der Berichterstattung möglichst OBJEK-
TIV bleiben. Die Sache nicht »aufblasen«,
weil man dies früher oder später merkt.
Unglaubwürdigkeit ist die schlimmste Sache,
die einem INSIDER passieren kann!

Und dann, unterstrichen und versal:

• BEI EINEM TOTALEN UND OPTIMALEN EINSATZ
DES INSIDERS IST DER AUFWAND SEHR HOCH, VOR
ALLEM MENSCHLICH, ABER AUCH MATERIELL.

Schaffner schrieb auch seine Zukunftsvision nieder:

Zur Zeit ist es optisch sehr ruhig in
Zürich. Man sollte sich von dieser Tatsache
nicht täuschen lassen. Viele frühere Szenisten haben sich aus verschiedensten Gründen
zurückgezogen, das heisst, sie sind von der
Bildfläche verschwunden. Die Gründe dafür
sind vielfältig. Einige sind effektiv ver-
nünftiger geworden, andere fielen dem Alko-
hol- und Drogenkonsum zum Opfer, weitere
sind ins Ausland gezogen, etliche sind in
der Zwischenzeit gestorben. Trotzdem ist
noch ein »HARTER KERN« von Szenisten vor-
handen. Meiner Meinung nach umfasst dieser
heute in Zürich etwa 25 bis 40 Personen.
Diese Leute sind jederzeit bereit zu Gewalt-
anwendung und Sachbeschädigungen.
Das wohl auch in Zukunft fehlende Vermum-
mungsverbot kommt den Chaoten sehr zu Hilfe.
Der Spielraum und die Phantasie in dieser
Beziehung ist enorm gross. Verkleidungsge-
genstände hat man bei sich und setzt diese
erst nach Beginn der Veranstaltung auf. Der
Austausch von solchen Verkleidungsstücken

```
untereinander ist üblich. Eine nachträgliche
Fotoidentifizierung ist darum schwierig,
eine gerichtliche Verurteilung fast aus-
sichtslos. Die Chaoten sind im Bild über
diese Tatsache.
```

Zum Schluss beklagt der zurückgezogene Insider:

```
Ein trübes Kapitel werden weiterhin die
Wochenzeitung WoZ und das alternative Radio
LoRa bleiben.
```

Wie sehr die WoZ einmal seinen Alltag trüben würde, konnte Schaffner zu diesem Zeitpunkt nicht ahnen. An die drei Monate im Valle Morobbia hängte er einen Stage beim Tessiner Nachrichtendienst in Lugano an. Er half mit, den Zigarettenschmuggel einzudämmen und die Exponenten des Mafia-Rings »Pizza-Connection« zu beobachten, gleichzeitig versuchte er, seine Italienischkenntnisse zu verbessern. Der Rückkehr nach Zürich sah der Urner mit gemischten Gefühlen entgegen. Einerseits freute er sich auf die Stadt, andererseits war es ein eigenartiges Gefühl, wieder auf der »anderen Seite« zu leben. Von nun an würde er jene Lokale besuchen, die er seit fünf Jahren gemieden hatte, und jene meiden, in denen er als Spitzel so viel Zeit verbracht hatte. Und natürlich war die Angst wieder da, erkannt zu werden, trotz dem Bart, der weg war, der Brille, die er nicht mehr tragen würde, und den gebügelten Hemden.

Im Januar 1986 war es so weit: Schaffner trat in die Fachgruppe 4 der Stadtpolizei Zürich ein, Abteilung Terrorismusbekämpfung. Ein Bürojob. Gleichzeitig gab er seine Wohnung in Dübendorf auf und zog definitiv zu Margrith und Philipp. Was im Tessin funktioniert hatte, würde auch in Benglen klappen – den Alltag mit Frau und Kind zu teilen. Ganz so, wie sich das Margrith Hobi ausgemalt hatte, war es dann aber nicht. Willy bestimmte nach wie vor selber, wann er heimkam und wann nicht. Darum mietete sie ihm schon kurz nach seinem Einzug wieder eine Wohnung in Dübendorf. Er zog nie dorthin.

Ein Jahr lang arbeitete der ehemalige Spitzel unerkannt und unbehelligt in seinem neuen Job. Tagsüber ermittelte er im Büro gegen verdächtige Personen, an bestimmten Abenden fuhr er mit einem Kollegen einschlägige Lokale ab, beobachtete vom Auto aus, wer ein und aus ging. Die Liste der Lokalitäten, die man für verdächtig hielt, war inzwischen drei A4-Seiten lang, begann mit A wie »Am Egge«, ging über H wie »Helvetia-Bar«, P wie »Personalhaus evangelischer Frauenbund« und »Provitreff« bis zu U wie »Universität Zürich«. Erschien ihm eine Wohngemeinschaft suspekt, fischte Schaffner auch einmal mit einem selbst gebastelten, mit Klebband umwickelten Haken die Post aus den Briefkästen oder schnitt einen Abfallsack auf. Er kopierte den Inhalt der Briefe und steckte sie anderntags zurück.

## Helden und Verräter

Bevor sich Schaffner an ein geregeltes Leben gewöhnen konnte, holte ihn seine Vergangenheit wieder ein: Im Oktober 1986 enttarnte die WoZ Schaffners »Zwilling« Walter Max Truniger alias Marco Schmidt, einen Monat später wurde bei der Bezirksanwaltschaft Zürich eine Strafanzeige wegen Amtsmissbrauchs gegen Schaffners ehemaligen Arbeitskollegen eingereicht. Die Mitglieder der Jugendorganisation Revolutionäre Sozialistische Jugend, RSJ, warfen Truniger vor, ihre Gruppe unterwandert und sich nicht damit begnügt zu haben, ein »normales« Mitglied zu sein. Truniger soll, hiess es, zwei Sympathisanten der RSJ dazu überredet haben, mit ihm eine Bombenattrappe vor dem Generalkonsulat El Salvadors zu deponieren. Ausserdem habe er schriftlich den Vorschlag gemacht, einen Vortrag von Bundesrat Rudolf Friedrich in der Aula Rämibühl mit einem Buttersäure-Anschlag zu verhindern. Noch realisierte Schaffner nicht, wie kurz der Weg von Truniger zu ihm war. Auch der damalige Kommandant der Stadtpolizei, Peter Hofacher, schien unbeeindruckt. Man habe die Sache untersucht, verkündete er den Medien, und sei zum Schluss gekommen, »dass sich der städtische Polizeibeamte Walter Max Truniger bei der Erfüllung seiner schwierigen Aufgabe keine Verfehlungen habe zuschulden kommen lassen und ihm die volle Satisfaktion erteilt werden könne«. Schaffner erachtete die Sache damit als erledigt, arbeitete wie gewohnt weiter.

Heute kann er sich das selber nicht mehr erklären, aber damals sei er nicht davon ausgegangen, dass die Enttarnung Trunigers unweigerlich zu ihm führen würde. Sie tat es. Schnell: Am 25. November 1986 um Viertel nach elf klingelte auf der Pressestelle der Stadtpolizei Zürich das Telefon. Jürg Frischknecht, Journalist bei der »WochenZeitung«, kündigte an, er werde in der nächsten Ausgabe einen neuen »Polizeispitzel-Fall« veröffentlichen. Er stellte folgende Fragen:

1. Stimmt es, dass W. Schaffner seit Sommer 1980 als Spitzel eingesetzt worden ist und dass er in dieser Eigenschaft in der »Szene« der Stadt Zürich Leute provokativ zu Straftaten animiert hat?
2. Was sagen Sie zum Beispiel zum Vorwurf, Schaffner habe Leute der Untergrundszene dazu aufgerufen, Sprengstoff zu beschaffen, und gleichzeitig auch den Ort genannt, wo solcher zu holen sei?
3. Hat er im Jahre 1983 einen Bombenanschlag gegen eine Schweizer Firma vorgeschlagen, die am Bau des Atatürk-Staudammes in der Türkei beteiligt ist?

Die Antwort der Pressestelle auf die »geplante Agentenstory in der WoZ«: Vorläufig … no comment!

Um fünf vor neun abends klingelte in der Einsatzzentrale erneut das Telefon. Ein Nachbar, ehemaliger Arbeitskollege und Freund Schaffners, der an seinem früheren Wohnort an der Täschenstrasse in Dübendorf wohnte, meldete, seine Frau habe eben »Besuch« von zwei suspekten Männern gehabt. Die beiden hätten Auskunft über Schaffner verlangt. Sie seien im Besitz diverser Fotos von Willy gewesen. Im Rapport, den man Schaffner zustelle, steht:

```
Der erste, welcher gesprochen hat, trug ein
Tonband bei sich.
Signalement: ca. 40 Jahre, ca. 170, blond,
Stirnglatze, Brille, »Bocksbart«, Zürcher
Dialekt (Signalement Frischknecht?)
Er erklärte, dass er die ganze Sache ins
Rollen gebracht habe.
Der zweite, eher passiv: ca. 30 bis 35
Jahre, ca. 170, dunkle kurze Haare.
Seine Frau habe selbstverständlich gesagt,
sie wisse nichts.
```

Die Journalisten klingelten an der nächsten Tür. Schaffner, der Nachtdienst hatte und im Dienstwagen unterwegs war, wurde umgehend informiert. »Ja, ein komisches Gefühl sei das schon gewesen«, sagt Schaffner heute, so richtig realisiert habe er die Tragweite der Sache aber auch da noch nicht. Er beendete seinen Dienst wie gewohnt und ging nach Hause ins Bett. Am nächsten Morgen kurz vor neun Uhr versuchte Frischknecht erneut, Schaffner telefonisch zu erreichen. Die Telefonistin vertröstete den Anrufer auf später.

Einer von Schaffners Kollegen übernahm und wies den Journalisten darauf hin, dass bei der Polizei die Weisung bestehe, Auskünfte nur über die Pressestelle einzuholen. Frischknecht akzeptierte, sagte aber dann, dass er noch eine andere, private Geschichte habe, die Schaffner sicher interessieren würde. Er schilderte Folgendes: Seine Befragungen im Urnerland hätten ergeben, dass Schaffner am 5. April 1986 mit dem Auto eines Kollegen einen Unfall gehabt habe. Den Verletzten habe er, ohne die Polizei zu informieren, selbst zur Behandlung gebracht. Im Urnerland sei man sehr aufgebracht darüber, dass der Polizist aus Zürich straffrei davongekommen sei. Insbesondere deshalb, weil Schaffner das Fahrzeug betrunken gelenkt habe.

Schaffner wurde informiert, doch es wurde ihm untersagt, Auskünfte zu geben oder seine Sicht der Dinge darzulegen, und der Tag, an dem die Enthüllungsgeschichte in der WoZ erscheinen sollte, rückte unaufhaltsam näher. Am entsprechenden Morgen herrschte im KK III eine schier unerträgliche Spannung. Wer würde die Zeitung, die damals am Nachmittag von Strassenverkäufern feilgeboten wurde, besorgen? Ein junger Beamter bot sich an, in Zivilkleidung rechtzeitig auf der Strasse zu sein und ein Exemplar zu kaufen.

Bereits der Blick auf die Titelseite liess Schaffners Blut in den Adern gefrieren: »Staatsschutz offerierte Sprengstoff für Anschlag auf BBC«, stand in grossen Lettern auf der Titelseite, darunter Schaffners Gesicht in Grossaufnahme. Schaffner legte das Blatt mit zitternden Händen vor sich auf den Schreibtisch und begann zu lesen:

Als die WoZ Walter Max Truniger als Polizeispitzel auffliegen liess, propagierte die Polizei den nicht provozierenden, bloss beobachtenden Agenten. Das gibt es nicht, wie jetzt auch der nächste enttarnte »under cover agent« beweist: Willy Schaffner, 1975 als 25jähriger in die Stapo Zürich eingetreten, inzwischen Detektiv-Wachtmeister, von Sommer 1980 bis Anfang 1985 als Willi Schaller im Einsatz als Aussersihler Aktivist und als Militanter in antiimperialistischen Kreisen. »Weniger schnure, meh mache« war stets seine Devise, womit er strafbare Actions meinte. Schon zu Bewegungszeiten schilderte er im Detail, wie ein Molotow-Cocktail zu basteln ist. Das wirke mehr als Worte und Transparente. Später erschreckte er Genossen mit einer Schusswaffe, die er im Kofferraum mit sich führte (vermutlich eine Maschinenpistole, die Leute, die es gesehen haben, sind keine Waffenspezialisten und konnten das Ding nicht näher identifizieren). »Mit schnure kommen wir nicht weiter, wenn nötig müssen wir schiessen«, kommentierte er das Vorzeigen der Knarre.

Vor allem aber offerierte Willy wiederholt Sprengstoff. Er sei im Militär Sprengmeister und kenne sich da aus. Wer in diesen Dingen Hilfe brauche, könne ihn fragen. Nach einer Diskussion in den damaligen Samstagssitzungen der Anti-imperialistInnen im Café Boy über den Atatürk-Staudamm wurde Willi deutlicher, wie sich ein Genosse erinnert: »Nach der Sitzung sagte er mir, mit Diskussionen verhindere man den Staudamm nicht. Da helfe nur ein Bombenanschlag auf die BBC in Baden, die zentral am Mammutprojekt beteiligt ist. Jetzt müsse man endlich handeln. Er könne jederzeit den nötigen Sprengstoff liefern, er kenne einen Typen in einem Tessiner Steinbruch. Um die Ernsthaftigkeit seiner Offerte zu unterstreichen, gab er mir seine Adresse und Telefonnummer. Ich könne jederzeit anrufen, er beschaffe den Sprengstoff umgehend.«

Gehört es neuerdings zu den Aufgaben der gueten Mannen zu Zürich, zu Bombenanschlägen auf die BBC anzustiften und dazu den nötigen Sprengstoff zu liefern? Der Stadtpolizei verschlug es fürs erste die Sprache. »No comment« war alles, was sie der WoZ zum Fall Schaffner sagen mochte.

Auf Seite 3 der Zeitung ging es mit der Überschrift »Die Polizei, dein Saufkumpan und Sprengstofflieferant« weiter:

Als die WoZ vor sechs Wochen den RSJ-Aktivisten Marco Schmidt als Stapo-Mann Walter Max Truniger enttarnte, er-

Eine adäquate Ausbildung für sein doppeltes Leben gab es nicht. »Gang emal go luege«, lautete der Auftrag, und Schaffner machte fünf lange Jahre lang, was man von ihm verlangte, und dies so gut, dass er es bis in die legendären Szenesitzungen im Café Boy schaffte.

*Willy Schaffner nach seiner Pensionierung, vor dem Volkshaus, 30. Juni 2014*
*(Foto: Tom Kawara)*

Völlig unerwartet war der »Opernhauskrawall« über die Stadt hereingebrochen. Zürich befand sich im Schockzustand. »Züri brännt!«, tönte es durchs Land. Eine erste Bestandsaufnahme am Morgen nach der ersten Krawallnacht las sich wie ein Rapport aus einem Kriegsgebiet.

*Demonstration vor dem Opernhaus, 30. Mai 1980*
*(Foto: Keystone / Photopress-Archiv STR)*

»Die Gegenseite«, wie man die Leute der »Bewegig« in Polizistenkreisen nannte, spielte Katz und Maus mit der Polizei, und die ganze Welt schaute zu. Seit dem Opernhauskrawall Ende Mai 1980 war das Chaos grösser und grösser geworden – und die Nächte des Polizisten kürzer.

*In den Strassen von Zürich, 30. Mai 1980*
*(Foto: Keystone / Photopress-Archiv STR)*

Zürich kam nicht zur Ruhe, Schaffners uniformierte Kollegen waren
jeden Abend im Einsatz, all die Fichen, die man in mühseliger Kleinarbeit
angelegt hatte, halfen bei der Lösung des Problems nicht weiter. Irgendjemand musste da raus, ins Zentrum des Geschehens.

*Vor dem Zürcher Rathaus, 18. Juni 1980*
*(Foto: Keystone / Olivia Heussler)*

Die vor dem Fernseher versammelten Staatsschützer trauten ihren Augen
nicht, als sie die beiden eingeladenen Szenisten sahen: ein adrett gekleidetes Pärchen, das sich als »Anna und Hans Müller« vorstellte. Die beiden
mimten ein spiessbürgerliches Ehepaar.

*Im Studio des Schweizer Fernsehens, 15. Juli 1980*
*(Foto: Keystone)*

Gab es bei Schaffner auch Momente, in denen er die Wut der Jugendlichen nachvollziehen konnte, ihre Forderung nach Freiräumen verstehen?
»Nicht zu jener Zeit«, sagt er, ohne lange nachzudenken, »ich war auf der
anderen Seite, und ich vertrat diese voll und ganz.«

*In der Nähe des Autonomen Jugendzentrums, 1. Dezember 1980*
*(Foto: Keystone / Peter Schlegel)*

Am 29. Dezember versammelten sich 400 Menschen auf dem Friedhof Manegg, um an der Beerdigung der 23-jährigen AJZ-Besucherin Silvia Z., die sich öffentlich verbrannt hatte, teilzunehmen. Nach der Trauerfeier zogen Bewegte mit einem Kranz schweigend Richtung Bellevue.

*Am Zürcher Bellevue, 29. Dezember 1980*
*(Foto: Keystone / Peter Schlegel)*

Die Vollversammlungen wurden im AJZ, in der Roten Fabrik oder im Volkshaus abgehalten und dauerten nicht selten zwei, drei Stunden. Die »Bewegig« legte dabei grossen Wert auf Basisdemokratie. Immer mit offenen Ohren dabei: die Insider der Zürcher Stadtpolizei.

*Im Autonomen Jugendzentrum, AJZ, 1. April 1981*
*(Foto: Keystone / Peter Schlegel)*

Wenn andere schliefen, schrieb Willy Schaffner, alias Willi Schaller, die vom Zürcher Geheimdienst gewünschten Rapporte und lieferte Namen von vermeintlichen Rädelsführern, die seine »Freunde« waren.

*Eines von Willy Schaffners Dokumenten aus seiner Spitzelzeit, undatiert*
*(Foto: Zürcher Stadtarchiv)*

innerten sich viele Zürcher Linke an einen ständigen Begleiter:»In der ersten Zeit war Marco immer mit Willi an den
Demos.«Aber anders als Marco wurde Willi nie ernsthaft als
Spitzel verdächtigt. (Von einer Ausnahme abgesehen, die hier
für Insider notiert sei: Heute behaupten Fotografen der damaligen Agentur Parapress, die von der Bewegung stets als
parapolizeiliche Knipsertruppe verdächtigt wurde:»Uns war
immer klar, dass Marco und Willi von der Polizei waren …«)
    Was machte den Erfolg von Willi aus?»Er trat nicht
forsch-sportlich wie Marco auf«, erinnern sich Bekannte.
»Willi war der gemütliche, unsicher-unbedarfte Typ aus der
Innerschweiz, der klönte, wie schlecht es ihm im Leben und
im besonderen mit der Freundin ging. Körperlich war er ein
›Fetze‹ mit Vollbart und runder Brille, eigentlich etwas alt,
vielleicht ein 68er-Fossil.«
    Ein Kollege vom Kriminalkommissariat III, der Stadtzür-
cher Polit-Polizei, charakterisiert Schaffner so:»Er gehört
eher zu den Primitiveren in unseren Reihen. Vielleicht war er
gerade deshalb unser erfolgreichster Insider in den Bewe-
gungsjahren. Mit seiner naiven Bauernschläue hat er es weit
gebracht.«
    Die Legende, mit der Willi im Spätsommer 1980 aus dem
Nichts auftauchte, ähnelte sehr jener von Marco. Auch Willi
war eben erst aus dem Ausland zurück und wollte auch künftig ab und zu»verreisen«. Er sei eigentlich kaufmännischer
Angestellter, suche aber einen anderen Job, wolle aussteigen.
Immer wieder klagte er auch über Probleme mit einer Freundin, die in Benglen wohne. Als Willi Schaller mietete er an
der Badenerstrasse 285, bei der Haltestelle Zypressenstrasse,
ein Zimmer und eröffnete einen Telefonanschluss. Als Willy
Schaffner wohnte er weiterhin in Dübendorf, zuerst an der

Täschenstrasse 5 und seit 1985 an der Heugatterstrasse 22a (beides anonyme Vorstadt-Wohnblocks).

## Mit Lust Scheiben eingeschlagen

Ab Herbst 1980 verpasste Willi wohl keine Bewegungs-Aktivität. Ein ehemaliger Demo-Kollege erinnert sich: »Marco und Willi waren auch dann noch vorn dabei, wenn uns ihre Grenadier-Kameraden in dicke Tränengasschwaden hüllten. Ich sehe die beiden noch gut vor mir, wie sie nach der Weihnachtsdemo 80 im Bankenviertel verhüllt und mit Steinen in den Händen herumwetzten.«

Verschiedene Leute könnten bezeugen, dass das Spitzel-Duo wiederholt und nicht ohne Lust Scheiben eingeworfen hat. Bei den Einkesselungen vom 4. Oktober 1980 auf der Globuswiese und vom 31. Januar 1981 beim Landesmuseum wurde Willi wie andere kontrolliert, indessen rasch laufen gelassen (ganz im Gegensatz zu den Begleitern von ihm). »Obschon Willi eigentlich ein Phlegma-Typ ist, hat er unermüdlich zu mehr Actions animiert«, entsinnt sich ein anderer Zeuge: »Immer wieder schlug er vor, da und dort sollte man noch einfahren, zum Beispiel beim Obergericht.« Vorne dabei war er auch bei Aussersihler Aktivitäten, etwa Ende April 1981, als Leute von »Luft und Lärm« ein Stück der mörderischen Stauffacherstrasse aufrissen.

Das letzte gemeinsame Foto von Marco und Willi stammt vom 21. März 1982, als die beiden von der Grossmünsterterrasse aus die Demo nach dem Abbruch des AJZ verfolgten. Später gingen sie getrennte Wege und täuschten nach aussen »Lämpe« vor. Marco bewegte sich Richtung »Maulwurf«, Willi Richtung »autonome Szene«.

Da er geschickt den Eindruck vermittelte, schon bei dieser oder jener Gruppe dabei gewesen zu sein, wurde niemand misstrauisch. Die Testfrage »Kennt man den?« konnte stets jemand positiv beantworten. So fand er Kontakt zu Leuten der Hellmutstrasse (dort werde er demnächst einziehen, erzählte Willi) und anderen Aussersihl-Leuten.

## Antiimperialistisch und anarchistisch

Ab dem Jahreswechsel 82/83 bewegte sich der Stapo-Detektiv Schaffner vorwiegend in der autonomen Szene, die im Anschluss an den ersten Prozess gegen Claudia und Jürg (1983) versuchte, an zweiwöchentlichen Samstagssitzungen im Café Boy wieder einen Diskussionszusammenhang herzustellen. Parallel dazu erschien viermal ohne Impressum in einer Auflage von 500 Exemplaren die vervielfältigte Zeitschrift »Konfrontation«, in der diese Diskussion ebenfalls geführt wurde.

»Willi war an diesen Samstagssitzungen, die etwa ein Jahr lang bis in den Frühsommer 1984 stattfanden, immer als stummer Zuhörer dabei«, berichteten TeilnehmerInnen der Sitzungen (die nur für Leute zugänglich waren, die man/frau kannte). »Ausgerufen hat er nur, weil's im ›Boy‹ kein Bier gibt.«

Immer wieder brachte Willi Flugblätter, Zeitungsartikel oder Zeitschriften mit und fragte einzelne Leute: »Was meinst du dazu?«

Oder er ermunterte nach seinem Motto »Weniger schnure, meh mache« zu handfesterem Vorgehen, etwa als er die »Wechselwirkung«-Nummer über »Vandalismus & Sabotage« gegen Computer mitbrachte. Besondere Meriten holte sich Willi, als er »aus Deutschland« ein zwanzigseitiges Papier zum Thema »Observation« mitbrachte, das diese Polizeitaktik im einzelnen beschreibt. Ironischerweise schliesst das Papier so: »Die Zeiten, in denen man beobachtende Polizisten ›riechen‹ konnte, dürften vorüber sein. Die in einer Observation eingesetzten Polizisten passen sich ihrer Umgebung und ihren Observationsobjekten immer besser an.«

Seine Militanz und auch Seriosität unterstrich Willi in der zweiten Hälfte 1983 mit einer »von der Freundin bezahlten« angeblichen Reise nach Indonesien, wo er sich über die Ost-Timor-Befreiungsbewegung Fretilin informieren wollte. An welches Postfach er heisse Unterlagen schicken und bei wem er diese nach der Rückkehr aus Indonesien abholen könne, erkundigte er sich (und interessierte sich dabei für ganz bestimmte Postfächer).

Von dieser Reise, die er nie unternahm, kehrte Schaffner mit einem zweiseitigen Bericht zurück, den die »Konfrontation« im Januar 1984, obschon etwas einfach geraten, abdruckte. Man wollte den Genossen nicht brüskieren, nur weil seine schriftliche Gewandtheit von den übrigen »Konfrontation«-Beiträgen abfiel. Bei dieser Gelegenheit hat Willi erfahren, welche Leute in welcher Wohnung auf welcher Schreibmaschine das autonome Diskussionsblatt herstellten.

Als Zaungast oder Mitmarschierer war Willi in dieser Zeit an allen öffentlichen Aktivitäten der AntiimperialistInnen dabei, so im Juli 1983 bei der Kirchenbesetzung, zusammen mit türkischen GenossInnen in der St.-Peter-und-Paul-Kirche oder an den Türkei-Demos vom 9. September 1983 und 7. April 1984. Wo man Signalraketen kaufen könne, wollte Willi wissen und knallte an den nächsten Demos ein paarmal mit.

1984 bemühte sich Schaffner um das anarchistische Lager.

Als Einzelgänger fuhr er an den internationalen Anarchisten-kongress in Venedig, der von mehreren tausend Leuten, darunter auch einer Schweizer Gruppe, besucht war.

Eine ausführliche Darstellung über die »Wiederbelebung des Anarchismus in der Schweiz« erschien umgehend in der Publikation »Info-CH« der ehemaligen Stadtzürcher Staatsschützer Graf und Helfer. Schon früher, als das »Info-CH« noch von Cincera redigiert wurde, erschien dort ein detaillierter Bericht samt internen Dokumenten über die antiimperialistische Szene. Mit anderen Worten: Von Willi staatlich gesammelte Spitzel-Infos wurden privat vermarktet.

**Trinkfest und sexistisch**

Am Rande von Demos und Sitzungen baute Willi mit der Zeit vereinzelte persönliche Kontakte auf und tauchte gelegentlich in drei, vier WGs auf. Er brachte Fische mit, die er im Klöntalersee gefangen haben wollte (oder hatte er sie auf dem Helvetiaplatz gekauft?). Er erzählte die wunderlichsten Dinge, vom winterlichen Survival-Training im Jura bis zu Jobs, die er mache: mal Putzen, mal Kunst (Bilder in der Glätteisen-Neocolor-Technik, von denen er ein paar Muster bei sich hatte). Er fluchte über die Schweinereien der »Schmier«, etwa gegen Paco, der die Schweiz verlassen müsse – und kommentierte damit treffend die Rolle, die er in diesem und anderen Fällen spielte.

Von diesen Ausnahmen abgesehen mied Willi (wie übrigens auch Marco im RSJ-Milieu) persönliche Kontakte. Als er im Januar nach der polizeilichen Räumung der Stauffacher-Häuser, die er mitverfolgt hatte, zu einem Frühstück in eine Wohnung eingeladen wurde, lehnte er zuerst ab und liess sich schliesslich nur widerwillig mitschleppen. Nach zwei, drei morgendlichen Gläsern Rotwein zog er als erster wieder ab – um anschliessend mit einem anderen Zaungast noch vier Crème Schnaps zu trinken. Am besten assimiliert war Willi in trinkfesten Aussersihler Männerszenen, wo er ungeniert seine sexistischen Sprüche von sich gab. Stets bestellte er ein grosses Bier zusammen mit einem Kaffee-Crème-Schnaps, und fast so Trinkfeste versichern glaubhaft, er habe es bis zu zwölf grossen Bieren samt Kaffee-Crème-Schnaps pro Abend geschafft – um anschliessend munter im Auto heimzufahren. Auch anderen Drogen war Willi nicht abgeneigt, er kaufte Gras und kiffte. Gelegentlich tauchte er mit dem sechsjährigen Kind seiner Freundin in der Beiz auf.

Anfang 1985 zog sich Schaffner aus der Szene zurück, in der er fast fünf Jahre geschnüffelt hatte. Einzelnen Leuten schickte er sogar Abschiedsbriefe. Weshalb zieht sich ein erfolgreicher, nicht enttarnter Spitzel zurück? Möglich ist, dass das KK III den Alkoholiker als zu grosses Risiko einschätzte und zurückzog. Denkbar ist aber auch, was ein KK-III-Insider zu Protokoll gibt: »Mit der Zeit fand Schaffner einzelne Leute in Ordnung und rapportierte selektiv, womit er gegen seinen Auftrag verstiess. Er erkannte die Gefahr und rettete sich durch Rückzug in den Büroalltag an der Stampfenbachstrasse 63.« Darüber und über seine Spitzeljahre hätte die WoZ gern ein Gespräch geführt. Doch befördert zum Detektiv-Wachtmeister mit 60 000 Franken Jahreseinkommen auf der Steuererklärung, hat Schaffner wieder Tritt gefasst und Distanz gewonnen. Schnoddrig liess er der WoZ ausrichten: »Mit diesen Soihünd sitze ich nicht an den Tisch.«

In Schaffners Kopf herrschte Ausnahmezustand. Am liebsten hätte er sofort zu seiner Verteidigung angesetzt, schriftlich festgehalten, dass er nie Scheiben eingeworfen, keine Molotow-Kurse gegeben hatte, dass er nicht selektiv rapportiert hatte und dass er kein Alkoholiker war. Seinen Freund aus Uri habe er zwar ins Spital gefahren, an dessen Unfall sei er jedoch nicht beteiligt gewesen. Auch hätte er gern verkündet, dass er 1983 tatsächlich mit Hans-Ulrich Helfer, der jetzt die Presdok AG führte und Cinceras »Bulletin« übernommen hatte, im Zug durch Indonesien gereist und später nach Osttimor geflogen war. Und vor allem eines noch: Seine Fische fing er selber. Immer.

Bevor er seine Gedanken geordnet hatte, lag die Weisung von ganz oben schon auf seinem Tisch. Schaffner wurde jegliche Stellungnahme untersagt. »Man wollte mich aus der Schusslinie nehmen«, sagt er.

Die Stimmung in der Küche in Gurtnellen ist bedrückt. Die WoZ vom 28. November 1986 liegt auf dem Küchentisch. Ein wenig vergilbt bereits, aber auch dreissig Jahre nach ihrem Erscheinen bringt die Zeitung Schaffners Blut in Wallung. Margrith Hobi sagt: »Sogar das Kind hast du noch eingebunden in das Zeugs. Wenn ich das lese, bekomme ich grad wieder Zustände!« Schaffner atmet schwer. Rückblickend betrachtet, habe er nicht korrekt reagiert, aber der Frust über die provokative Art des Artikels sei riesig gewesen damals. »Schlimm«, sagt er, »schlimm.« »Hätte sich die Kommissariatsleitung hinter mich gestellt, hätten diejenigen, die meinen Einsatz verantwortet haben, nur ein paar Worte gesagt, wäre es vielleicht anders gekommen«, sagt er. Doch dann nimmt er es sofort wieder zurück: »Ich will nicht schlecht reden, ich hatte gute Vorgesetzte, aber es herrschte Kalter Krieg, da schwieg man lieber.« Seine Frau schüttelt den Kopf. »Die haben dich doch im

Regen stehen lassen.« »Ein bisschen vielleicht«, gibt er nach. Und sie insistiert: »Nicht ein bisschen, total!«

Kommandant Hofacher verfasste wie bei Kollege Truniger ein paar Zeilen zuhanden der Presse. In einem Kürzest-Communiqué bestätigte er, dass Schaffner als Insider in der Szene gewesen sei, und schrieb: »Einer allfälligen Strafuntersuchung durch die Bezirksanwaltschaft sehe ich mit Gelassenheit entgegen.« Noch aus dem Büro rief Schaffner Margrith an. »Wir müssen verschwinden! Hol Philipp vom Chindsgi und pack das Nötigste. Jetzt!«

»Meine Mutter holte mich ab, und wir fuhren los, ohne noch einmal heimzugehen. Das war schon sehr komisch«, erinnert sich Philipp Hobi. Er habe natürlich nicht verstanden, was der Grund für die übereilte Abreise war, aber dass es mit Willy und seiner Arbeit zusammenhing, habe er durchaus realisiert. Angst habe er nie gehabt. »Dafür war mein Vater zu stark, für mich lange Zeit unbesiegbar.«

Schaffner war angewiesen worden, unterzutauchen und niemanden über seinen Aufenthaltsort zu informieren. Die Familie reiste ins Zürcher Oberland zu Margriths Onkel, der dort ein Restaurant führte. »Wir mussten uns verstecken wie Verbrecher«, erinnert sich Margrith. Ihrem Chef teilte sie mit, dass sie für unbestimmte Zeit nicht zur Arbeit kommen könne. Sie sei auf sein Vertrauen angewiesen, und er dürfe keine Fragen stellen. Sie war wütend. »Meinen Lohnausfall bezahlt das KK III«, sagte sie zu ihrem Freund, »und die Kosten für unseren Aufenthalt grad auch!« Schaffner versuchte, sie zu beruhigen, gab aber schliesslich klein bei. Kaum angekommen im Zürcher Oberland, bat Schaffner seine Freundin, zum Kiosk zu gehen. »Wieder Polizeispitzel entlarvt: Wollte er die BBC in die Luft sprengen?«, titelte der »Blick«, »Sprengstoff für Attentat offeriert?« der »Tages-Anzeiger«.

Langsam, aber sicher wurde Schaffner das ganze Ausmass der Geschichte bewusst. Abends in der »Tagesschau« gross im Bild: Willy Schaffner, der Polizeispitzel. Der kleine Philipp sprang vor Freude vom Sofa auf: »Dä Willy, im Fernsehen!« Für Schaffner brach eine Welt zusammen. Aus ihm, der so viele Jahre seines Lebens für diese Arbeit geopfert hatte, war innerhalb weniger Tage jemand geworden, auf den man mit dem Finger zeigte. Als sich Schaffner nach ein paar Tagen in Wald zum Coiffeur wagte, schaute ihn dieser mit grossen Augen an und sagte: »Sie sind doch der aus dem ›Blick‹ …«

»Wenn ich Margrith nicht gehabt hätte und Philipp, wäre mein Lebensweg von da an wohl anders verlaufen«, sagt Schaffner heute nachdenklich. »Wie ein geschlagener Hund ist er herumgeschlichen«, erinnert sich seine Frau heute. Nach zwei Wochen kehrte die Familie zurück in die Wohnung nach Benglen. 1648 Franken für Lohnausfall und Unterkunft verrechnete Schaffner dem Stadtzürcher Geheimdienst. »Grosszügig ist das gewesen, dass man das übernommen hat«, sagt Schaffner jetzt. Margrith verdreht die Augen. »Das war noch das Mindeste, was sie tun konnten.« Überraschenderweise rief kein einziger Journalist an, nur Truniger schickte Willy eine Postkarte weiter, die er in seinem Briefkasten gefunden hatte: »Herr Truniger! Sie und Herr Schaffner (Schaller)«, stand drauf, »Sie sind zwei der vielen Halunken, die bei der Schmier sind. Wir werden alles daransetzen, dass Sie das Neujahr nicht mehr erleben. Wir Rocker werden bei Ihnen Besuche abstatten.«

Schaffner ging wieder ordnungsgemäss zur Arbeit. Nein, wütend sei er nicht gewesen, erinnert er sich. Er habe einfach wieder angefangen, nichts gefragt, nichts gesagt. Im KK III verzichtete man trotz den happigen Vorwürfen, welche die WoZ erhoben hatte, auf ein Verfahren. Man stellte Schaffner ein paar Fragen, die Sache mit dem Gewehr stritt er ab. Das reichte, um die internen Ermittlungen einzustellen. Auf die Sache angesprochen habe man ihn kaum, sagt Schaffner, der vorerst im Innendienst eingesetzt wurde. Er habe aber durchaus gemerkt, dass sich im KK III gewisse Leute von ihm distanziert hätten.

Seine direkten Vorgesetzten machten gute Miene zum bösen Spiel, taten, als ob nichts geschehen sei. Auf meine Frage, wie sich sein damaliger Chef Heinz Niederer zur ganzen Angelegenheit geäussert habe, kommt eine schon fast typische Schaffner-Antwort: »Er nahm das zur Kenntnis.« Es gab kein Gespräch? »Nein. Nicht gross.« Niederer sei gestorben, sagt Schaffner schliesslich, auch darum wolle er nicht schlecht über ihn reden.

In einer ersten Reaktion gab die Bezirksanwaltschaft Zürich Anfang Dezember 1986 bekannt, dass es sich bei den in der »WochenZeitung« erhobenen Vorwürfen »vornehmlich um verjährte Übertretungen« handle. Einzig den Vorwurf, Schaffner habe zu Bombenanschlägen aufgerufen, wolle man genauer prüfen. Zur Ruhe kam Schaffner nicht. Seine schlimmste Befürchtung trat ein: Die Affäre zog ihre Kreise im Urnerland. Am 6. Dezember 1986 titelte die »Gotthard-Post«: »Der Spitzel, der aus Uri kam.« Die Zeitung wiederholte die Vorwürfe aus der WoZ und ergänzte sie mit Informationen zu Schaffners Kindheit und Jugend im Urnerland. Seine Mutter traute sich kaum mehr aus dem Haus. Das wiederum machte Schaffner fast krank. Da hinten hatte das alles nichts zu suchen. Gar nichts.

Diesmal wollte Schaffner die Sache nicht auf sich beruhen lassen. Er schrieb Kommandant Hofacher einen für seine Verhältnisse mutigen Brief: »Nun hat auch ein Teil der Urner Presse meine Enttarnung zum Anlass genommen, meine Person zu denunzieren und in ein total schiefes Licht zu stellen. Für mich kommt diese

Tatsache nicht überraschend, haben doch sowohl der in der linken Szene Uris bestens bekannte Verfasser des Artikels und sein Umfeld ausgezeichnete Verbindungen zu bestimmten Linkskreisen in Zürich ... Bleibt abzuwägen, ob eine sofortige oder spätere Gegen-Erklärung in der genannten Zeitung als sinnvoll erachtet wird oder nicht.« Zu einer Gegendarstellung kam es nie. Das Zeitungsabonnement, das auf seine Mutter lief, kündigte Schaffner per sofort. Den geharnischten Brief, den er der Kündigung beilegte, zeigte er niemandem.

Derweil ging es in Zürich einem weiteren Kollegen an den Kragen: René Grenacher. Die Mitglieder der linksrevolutionären Gruppierung »Jobbergruppe Wilde Katze« hatten den WoZ-Artikel auch gelesen und bei Schaffners veröffentlichter Alias-Adresse Badenerstrasse 285 grosse Augen gemacht: Da wohnte doch ihr Kollege René Gross! Zu sechst statteten ihm die Aktivisten einen Besuch ab. »René Gross« war eben daran, seine Spesenabrechnung fürs KK III zusammenzustellen und konnte die Blätter gerade noch unter sein Gesäss schieben. Vier Stunden verhörten ihn seine »Freunde«. Sie schafften es nicht, den Spitzelverdacht zu erhärten. Als Grenacher wieder allein war, rief er seinen Führungsoffizier an und sagte: »Ich will aussteigen.« Jetzt zog Stapo-Kommandant Hofacher alle Insider zurück.

Laut Schaffner waren in der Zeit zwischen 1980 und 1986 knapp ein Dutzend Insider unterwegs. Enttarnt worden seien lediglich vier, einige würden bis heute bei der Polizei arbeiten, andere hätten in die Privatwirtschaft gewechselt. »In gute Positionen. Die Insider-Tätigkeit hat ihrer Laufbahn nicht geschadet«, sagt er bestimmt.

Am 17. Dezember 1986 lieferte Schaffner seinen Vorgesetzten eine selbst verfasste Stellungnahme zum WoZ-Artikel ab. Er könne sich nicht erinnern, jemals Anleitungen zur Herstellung von

Molotow-Cocktails gegeben zu haben, schrieb er. »Viele Szenisten beherrschen diese leichte Kampfmittelherstellung ohnehin einwandfrei.« Zur Schusswaffe im Kofferraum verkündete er: »Im Kofferraum lagen Putzutensilien. Die Behauptung, eine Schusswaffe im Kofferraum gesehen zu haben, ist absurd.«

Über Sprengstoff sei oft diskutiert worden, fuhr er weiter, aber zu einem Anschlag habe er persönlich nie aufgerufen. Hingegen gab er zu, Knallpetarden in die Luft geschossen zu haben und zusammen mit einem bis heute nicht enttarnten Insider an den Anarchistenkongress nach Venedig gefahren zu sein. Auf eigene Faust. Auch den Drogenkonsum stritt Schaffner nicht ab: »Ich wurde mit dieser Tatsache konfrontiert und musste ab und zu einen Zug aus einem mit ›Stoff‹ gefüllten Glimmstängel ziehen«, bekannte er, »auch habe ich möglicherweise einmal ein paar Gramm ›Gras‹ gekauft und dann weiterverschenkt.« Seine Gegendarstellung endete mit dem Satz: »Nach Abschluss eines allfälligen Strafverfahrens verlange ich in bestimmten Medien gewisse Berichtigungen, besonders im Urnerland, wo Mutter und Bruder durch diese Vorkommnisse teilweise schwer unter Beschuss gekommen sind.« Zu einem Strafverfahren kam es nie, genauso wenig wie zum Abdruck von Schaffners Gegendarstellung.

»Trotzdem«, sagt Schaffner, »hat die ganze Sache rund um den WoZ-Artikel bei mir einen Denkprozess in Gang gesetzt.« Man habe das Ende des Kalten Krieges kommen sehen, gespürt, dass etwas ändern würde. Doch weil Alternativen fehlten, habe man einfach weitergemacht. Man dürfe nicht vergessen, sagt Schaffner zu seiner Rechtfertigung, dass zu jener Zeit verschiedene Terrorgruppen in Europa aktiv gewesen seien. »Sie traten mit gemeinen Morden in Erscheinung, die Rote Armee Fraktion, RAF, zum Beispiel.« Diese Gruppierung habe in Zürich durchaus auf Sympathien und logistische Unterstützung zählen können. Ob er und seine Kollegen damals mit ihren Einsätzen aber tatsächlich am richtigen Ort gewesen seien, wage er heute zu bezweifeln.

»Rückblickend wird deutlich, dass man damals das Recht grosszügig, sehr grosszügig ausgelegt hat«, sagt Schaffner, damals habe sich das nicht so angefühlt. Wenn er heute sehe, wie viele der damals Bespitzelten Familienväter geworden seien, Steuern bezahlten und wie viele ehemalige Szenistinnen und Szenisten Schlüsselpositionen ausgerechnet in der Verwaltung und den Medien besetzten, sei das schon komisch. »Aber man kann das Rad nicht zurückdrehen, es war eine andere Zeit. Die Bedrohung durch diese Leute war für uns damals real.« Erkannt wird Schaffner in Zürich auch nach seiner Enttarnung kaum. Nur Andrea Stauffacher, Kommunistin und führende Exponentin des Revolutionären Aufbaus, habe ihm regelmässig den Stinkefinger gezeigt, sagt Schaffner.

Stauffacher veröffentlichte nach Schaffners Enttarnung über das linke Pressebüro Savanne einen achtseitigen Text zu Polizeispitzeln. Er sollte Fragen klären wie: »Wo liegt unser eigener Anteil, wie können wir in Zukunft so etwas verhindern, wie gehen wir damit um?« Stauffacher listete verschiedene Verhaltensweisen auf, die Leute aus Schaffners Bekanntenkreis hätten misstrauisch machen müssen:

• *Schaffner hat nie jemanden zu sich nach Hause eingeladen, es war auch – uneingeladen – nie jemand bei ihm in seiner Absteige. Von einigen Ausnahmen abgesehen, ging er auch nur höchst ungern und widerwillig zu andern Leuten in die Wohnung (zu grosses Risiko?). Hingegen war er zu unverbindlichen, oberflächlichen Kontakten im Spunten alleweil zu haben, ja dabei ging sogar öfters die Initiative von ihm selber aus. Diese Diskrepanz, einerseits Ausweichen bei persönlicheren Kontakten, andererseits aber Suche nach Kontak-*

*ten, solange sie sich auf der Spunten-Ebene bewegten, hätte*
*eigentlich irgendwann mal irgend jemandem auffallen und*
*ein Misstrauen hervorrufen müssen.*

*• Schaffner hat sich nie aktiv an politisch-inhaltlichen Dis-*
*kussionen beteiligt, das heisst, er sass nicht nur über Jahre*
*hinweg an unzähligen halb, ganz oder gar nicht öffentlichen*
*Veranstaltungen und Sitzungen grundsätzlich als stummer*
*Zuhörer dabei, nein, er äusserte sich auch in Gesprächen mit*
*wenigen Leuten nie darüber, was und wie er eigentlich*
*politisch denkt. Versuche zu politischen Diskussionen mit*
*ihm blieben immer auf der Ebene von »die Bullen, diese*
*Schweine...« oder Aktionismus stehen. Der Grund dafür,*
*dass sich kein Mensch darangemacht hat, diesem eigenartigen*
*Verhalten Schaffners mal auf den Grund zu gehen, lag wohl*
*hauptsächlich in falscher Scheu vor seiner unbedarft schwer-*
*fälligen Art. Mensch wollte dem »Genossen« nicht zu nahe*
*treten, ihn nicht wegen seiner offensichtlich mangelnden in-*
*tellektuellen Gewandtheit vor den Kopf stossen.*

Die wichtigste Konsequenz daraus sei, so Stauffacher schliesslich:
»Als politisch denkende und kämpfende Menschen müssen wir in
unserem Umgang untereinander genauer, klarer und sorgfältiger
sein, mehr aufeinander eingehen, und immer auch daran arbeiten,
die Trennung zwischen politisch und persönlich (= öffentlich und
privat, eine Grundvoraussetzung für das Funktionieren des kapi-
talistischen Systems) soweit als möglich aufzuheben.«

Schlecht kommt bei Andrea Stauffacher auch die »reisserische
Aufmachung« der Geschichte in der WoZ weg. »Empörung soll
mit dieser Tendenz nicht in erster Linie der Umstand auslösen,
dass Menschen jahrelang genauestens ausgeforscht, -gehorcht und
überwacht wurden mit dem Ziel, von gewissen Leuten durch

exakte Persönlichkeitsprofile möglichst jede Lebensäusserung zu kriminalisieren und verwerten zu können, nein, der/die geneigte WoZ-LeserIn soll erst mal darüber empört sein, dass Staatsschutzbullen bei ihren Einsätzen ›Straftaten‹ im Sinn des bürgerlichen ›Rechtsstaates‹ begehen, zu deren Verhinderung sie eigentlich eingesetzt sind.« Stauffachers Analyse von Schaffners Verhalten ist detailliert. Sie vergleicht es mit jenem von Kollege Truniger, schreibt Sätze wie: »Die von Schaffner gespielte Zurückhaltung, Naivität und Gehemmtheit ist offensichtlich eine gute Methode oder scheint sogar die bessere zu sein, bei vielen Leuten anzukommen, als wenn einer ein Grossmaul ist oder als Typ den Macho und Militanten raushängt, wie das bei T. eher der Fall war.«

Schaffners Militanz sei sehr beschränkt gewesen, konstatiert Stauffacher. »Auch an Demos war er selten maskiert und schon gar nicht militant aktiv.« »Offensiv« habe er sich eigentlich nur zweimal gezeigt, als er mit einem Gewehr geblufft und Sprengstoff ins Spiel gebracht habe. Daneben hinterfragte Stauffacher auch die von Frischknecht in der WoZ ins Feld geführte Theorie, die beiden Spitzel seien aufgrund interner Konkurrenzkämpfe enttarnt worden. Dass ein Insider des KK III – wie Frischknecht in seinem Artikel geschrieben hatte – sich mit einem linken Journalisten in Verbindung setze, diesen sogar daheim anrufe (garantiert abgehört!), mochte sie nicht glauben. Vielmehr ging sie davon aus, dass die Enttarnung bewusst inszeniert worden war, »um abzulenken von den Schweinereien, die vom Staatsschutz her in Winterthur und um den Anschlag auf das Haus von Hedi Lang gelaufen sind«. Gleichzeitig werde damit Misstrauen und Spaltung unter den Leuten der linken Szene zu fördern versucht.

Was Willy Schaffner nach der erneuten Lektüre des Papiers am Küchentisch in Gurtnellen über seine vermeintliche Erzfeindin

Stauffacher sagt, verblüfft: »Sie ist eine Ausnahmeerscheinung in der Politlandschaft, hochintelligent und vielschichtig vernetzt.« In Polizeikreisen sei sie natürlich ein rotes Tuch, sagt er, fügt dann aber an: »Diese Frau hat einen steinigen Weg gewählt, und sie geht ihn konsequent. Dafür hat sie meinen Respekt.« Mit der Wahl ihrer Mittel könne er sich ganz klar nicht einverstanden erklären, aber das sei ihre Sache. »Bis ans Lebensende wird sie gegen den Staat und den Kapitalismus kämpfen.« Aber er glaube, dass es auch ihr nicht gelingen werde, die heutige Jugend für den Kommunismus zu motivieren.

## Fichen, Fichen, Fichen

Im Jahresbericht 1986 des KK III münzte Niederer das Auffliegen von Schaffner und Truniger in einen Erfolg um: »Die Chaoten-Szene ist zur Zeit – als positive Auswirkung der Enttarnung von seit einiger Zeit zurückgezogenen, verdeckten Fahndern – total verunsichert und dementsprechend inaktiv«, schrieb er. Und weiter: »So bedauerlich ein Sichtbarmachen der Tätigkeit eines Staatsschutzes in Presse und Medien ist, der erwähnte ›Nebeneffekt‹ dürfte eine weitere Zurückhaltung der Chaoten in öffentlichen Auseinandersetzungen bewirken.« Kurz darauf stellte sich die Zürcher Kantonsregierung ohne Einschränkung hinter die Tätigkeit der politischen Polizei, und am 6. Februar 1987 gab die Bezirksanwaltschaft bekannt, dass gegen Willy Schaffner keine Strafuntersuchung eröffnet werde. Es bestehe kein dringender Tatverdacht.

Trotzdem wurde Schaffner noch einmal richtig durchgeschüttelt: Drei Wochen nach seinem juristischen Freispruch schrieb auch das linke Urner Magazin »Die Alternative« über den »Spion, der aus Amsteg kam«, unter anderem Folgendes: »Traurig ist, dass es Menschen gibt, die solche Dreckarbeit machen, sei es aus Geltungssucht, wegen dem Geld oder um ihre eigenen Aggressionen loszuwerden.« Diesmal bestand Schaffner auf einer Gegendarstellung. Der im Betäubungsmittelkommissariat tätige Offizier Daniel Blumer schrieb sie. Die Erklärung wurde tatsächlich abgedruckt, aber ohne Schaffners Wissen durch eine sogenannte »Anmerkung« von Jürg Frischknecht ergänzt. Frischknecht erhob darin die gemachten Vorwürfe ein weiteres Mal.

Schaffner sagt, er könne die damaligen Gefühle nicht beschreiben, »irgendetwas zwischen totaler Ohnmacht und unbändiger Wut«. Bis heute schafft er es kaum, den Artikel am Stück durchzulesen. Immer wieder legt er ihn weg und murmelt: »Happig, sehr happig.« Dann holt Schaffner einen weiteren Zeitungsausschnitt aus einer seiner Schachteln. Darin steht, dass Jürg Frischknecht für seine Enthüllungsgeschichte »Stadtpolizist Truniger alias Bewegungsaktivist Marco« den Zürcher Journalistenpreis gewonnen hat: Am 1. Mai 1987 nahm die »WochenZeitung« aus den Händen von Hans W. Kopp im Zunfthaus zur Haue in Zürich eine Urkunde, eine Medaille und das Preisgeld entgegen. Die Redaktion frotzelte: »Bundesrätin Elisabeth Kopp als höchste Polizeichefin bezahlt die Spitzel, die unter uns sind, ihr Mann Hans W. Kopp verteilt Preise für deren Enttarnung.«

Am 22. Mai 1987 wurde auch das Verfahren gegen Walter Max Truniger eingestellt. Begründung unter anderem: Er habe mit der Bombenattrappe vor dem Generalkonsulat von El Salvador nur verhindern wollen, dass eine richtige gelegt werde. Es folgte ein längeres juristisches Seilziehen. Unterstützt wurde der Beamte Truniger dabei vom damaligen Kripo-Kommissar Daniel Blumer. Im Laufe des Verfahrens rügte das Bundesgericht die Zürcher Justiz ungewohnt heftig. Vor allem dafür, dass sie dem beschwerdeführenden Mitglied der Revolutionären Sozialistischen Jugend das Recht auf einen Rekurs verweigert hatte. Juristische Konsequenzen zog Trunigers Spitzeleinsatz trotzdem weder für ihn noch für die Stadtpolizei nach sich. Schaffner betont im Gespräch ein weiteres Mal, dass sich das politische Klima in dieser Zeit verändert habe. Die Kritik am Staatsschutz sei immer lauter geworden, und er habe geahnt, dass die Politik die Art, wie man Leute überwachte, nicht mehr lange tolerieren würde.

Dass es ausgerechnet der unfreiwillige Rücktritt der Vorsteherin des Justiz- und Polizeidepartementes sein würde, der diesen Wandel einläutete, ahnte Schaffner nicht, als er am 12. Januar 1989 das Radio einschaltete. Die Gerüchte, dass Elisabeth Kopp ihrem Mann, dem Wirtschaftsanwalt Hans W. Kopp, Interna aus der Bundesanwaltschaft zuspiele, kursierten schon seit längerem. Die Bundesrätin hatte dies aber stets bestritten, und Schaffner war keiner, der jedes Gerücht für bare Münze nahm. Jetzt aber behauptete der Nachrichtensprecher tatsächlich, Kopp habe ihren Mann angerufen, nachdem sie erfahren hatte, dass gegen die Shakarchi Trading AG ein Strafverfahren wegen Geldwäscherei eröffnet worden sei. Ehemann Kopp, im Verwaltungsrat des Finanzinstitutes, hatte darauf flugs sein Mandat niedergelegt. Der Radiomann sprach von einer veritablen Staatsaffäre.

Der Sprecher konnte nicht wissen, dass diese Staatsaffäre ein Affärchen war gegen das, was eine Parlamentarische Untersuchungskommission (PUK) in den nächsten Monaten zutage fördern sollte. Die Umstände, die zu Kopps Rücktritt geführt hatten, waren schnell geklärt, die Untersuchung der Arbeit der Bundespolizei zeigte sich als deutlich aufwendiger … Die Parlamentarierinnen und Parlamentarier waren auf eine Fichensammlung unvorstellbaren Ausmasses gestossen: Über 900 000 Fichen, mehr als 700 000 Personen und Organisationen waren von den Bundesbehörden und kantonalen Polizeistellen jahrelang systematisch überwacht worden. Mehr als ein Zehntel der Bevölkerung – Linke, Kritische, mehr oder weniger Aufmüpfige, in ihrer grossen Mehrheit »stinknormale« Bürgerinnen und Bürger. Was die PUK im November 1989 veröffentlichte, veränderte die Schweiz.

Schaffner dachte an seine Ausbildung in der Registratur des KK III zurück und schluckte leer. Was bedeuteten diese Nachrichten für ihn, für seine Kollegen? Viel Zeit zum Nachdenken blieb ihm nicht. Jeden Tag neue pikante Details zum sogenannten Schnüffelstaat, gleichzeitig schien die ganze Welt aus den Fugen zu geraten: Zwei Tage nach den spektakulären Enthüllungen der PUK sagte mehr als ein Drittel der Schweizer Stimmberechtigten Ja zur Abschaffung der Armee, und noch einmal drei Wochen später fiel die Berliner Mauer.

Wie reagieren? – Schaffner hielt sich an Bewährtes, fuhr weiterhin Quartiere ab, beobachtete, wer verdächtige Lokale betrat, und schrieb Berichte. Unter anderem zur Frage, ob durch den Einsatz von Insidern Sachbeschädigungen vermieden werden können. Schlussfolgerung: »Ob durch unsere Tätigkeit Sachbeschädigungen oder andere Straftaten vermieden werden konnten, ist aus Insider-Sicht nicht beantwortbar.« Im Frühjahr 1989 verliess Heinz Niederer das sinkende Schiff. Er ging in Pension.

## Anklagen und Rachegelüste

Am 9. Mai 1990 entschied der Zürcher Gemeinderat, in Zürich ebenfalls eine Parlamentarische Untersuchungskommission einzusetzen und die Aktivitäten des Stadtzürcher Geheimdienstes, des Kriminalkommissariats III und des Büros S, unter die Lupe zu nehmen. Insbesondere Parlamentarier aus der SP, der AL und von den Grünen bekamen Einsitz in die Kommission: Niklaus Scherr, Peter Niggli, Anita Thanei, Werner Sieg, Erika Mägli-Fischer, Armand Meyer, Franz Schumacher – ausgerechnet jene also, denen man bis jetzt von Amtes wegen auf die Finger geschaut hatte.

»Wie kann das sein«, fragte sich Schaffner, »dass Politiker Zutritt zu den Archiven bekommen, und dann noch linke Politiker?« Szenisten und Zivilisten in den bestgeschützten Räumen der Zürcher Polizei – Schaffner zog es bereits bei der Vorstellung den Magen zusammen. Er verstand die Welt nicht mehr. »War jetzt plötzlich alles, was ich getan hatte, schlecht?« Rückblickend spricht er von Rachegelüsten, die aufgekommen seien – »ja, auch destruktive«. Im KK III hätten sich in dieser Zeit verschiedene Lager gebildet, solche, die sich besser abfinden konnten mit der neuen Situation, und andere, die damit Mühe bekundeten. Einige seiner Kollegen, so Schaffner, hätten sich mit der »Preisgabe von jahrelang Gesammeltem und Ausgeübtem« an den politischen Gegner noch schwerer getan als er selbst.

Als ehemaliger Insider wurde auch Schaffner aufgefordert, vor der PUK auszusagen. Auf den Termin am 9. September 1990, um zehn Uhr, bereitete er sich schriftlich vor. Während sich die meisten Kollegen kooperativ zeigten, »um die eigene Haut zu retten«, wie er sagt, wandte er an, was er während Jahren in der Szene gelernt hatte: Er verweigerte die Aussage. Das wenige, das er der Kommission mitzuteilen bereit war, notierte er auf einem A4-Blatt.

Als er schliesslich im Konzertsaal des Stadthauses »wie ein Verbrecher« auf der »Anklagebank« sass, verlas er sein vorbereitetes Statement:

*Einzelne der mehrheitlich aus Linkskreisen stammenden PUK-Mitglieder sind voreingenommen und befangen; für mich deshalb nicht vertrauenswürdig. Für meine Begriffe hat dieses Untersuchungsorgan eher den Status einer Abschaffungs- statt einer Untersuchungskommission.*
*Auf der ganzen Welt, angefangen von Drittweltländern bis zu Ostblockstaaten, gibt es keine Regierung, die bisher einen Nachrichtendienst auf solche Art blossgestellt und funktionsuntüchtig gemacht hat!*
*Bei uns werden Opfer auf der untersten Stufe gesucht und mit grosser Wahrscheinlichkeit auch gefunden.*
*Mein Berufsethos und meine Gesinnung erlauben es nicht, vor der PUK mit einer solchen personellen Zusammensetzung irgendwelche konstruktive Aussagen zu machen.*

In einer Kurzbefragung bestätigte Schaffner die Aussagen von Truniger dann aber doch, betonte dabei aber, ohne Übertretungen und Vergehen gearbeitet zu haben. »Wir wurden einfach geschickt«, sagte er abschliessend, und er fühle sich »verarscht«.

Die Untersuchungskommission setzte Schaffner unter Druck: Entweder er überlege sich das Ganze noch einmal und gebe Auskunft über seine Arbeitsweise – oder er suche sich einen anderen Job. Schaffner wählte auf Anraten eines Vorgesetzten einen anderen Weg: Er suchte einen Vertrauensarzt auf. Dieser stellte ihm ein Zeugnis aus, das ihm attestierte, diese Befragung psychisch nicht zu verkraften. Heute, sagt Schaffner, klinge das nach einem billigen Trick, tatsächlich aber sei es ihm seit der Enttarnung psychisch alles andere als gut gegangen. Es seien schwierige Zeiten gewesen in der »Endzeit« des KK III. Es habe eine seltsam gedrückte, von gegenseitigem Misstrauen geprägte Atmosphäre geherrscht. »Ich war innerlich unruhig, kam auf die abstrusesten Gedanken.« Er habe sogar darüber nachgedacht, illegale Aktionen zu starten. Ins Detail will er nicht gehen.

Seine Vorgesetzten sagten aus und schoben sich gegenseitig die Verantwortung für die Insider-Einsätze zu. Niederer, der laut den Nachforschungen der Kommission die Hauptverantwortung trug, erschien nicht zu den Befragungen. Er liess ausrichten, als Pensionierter sei er nicht dazu verpflichtet, an dieser Untersuchung teilzunehmen.

Am Küchentisch in Gurtnellen geht Schaffner mit sich selber hart ins Gericht. Er sagt, diese Kommission habe eigentlich gute Arbeit geleistet, und vor allem habe sie einen legitimen Auftrag gehabt. »Was ich mir da geleistet habe, ist rückblickend betrachtet kein Ruhmesblatt.« Seine Aussageverweigerung könne er sich heute nur noch mit dem Umstand schönreden, dass sein Verhältnis zu den Linken damals sehr belastet gewesen sei und er mit seinem Schweigen auch andere Leute schützen wollte, die genau wie er einfach Ausführende gewesen seien.

Ende Februar 1991 wurde der 284 Seiten starke Bericht der Untersuchungskommission, eine Woche früher als geplant, veröffentlicht. Ein Kommissionsmitglied hatte den Bericht trotz vereinbarter Sperrfrist der »Züri Woche« zugespielt. Der Skandal war perfekt: 55 000 Fichen hatten die Politiker gefunden, viele der in der Limmatstadt gesammelten Informationen gingen direkt an die Bundesbehörden weiter. »Zürichs politische Polizei fichte im Trüben«, titelte der »Bund«, »Zürcher Staatsschutz ausser Kontrolle« der »Tages-Anzeiger«, und das »Volksrecht« forderte: »Fichen auf den Tisch!« Neben Zehntausenden Fichen hatte die PUK auch eine sogenannte schwarze Kasse gefunden. Sie enthielt Bundesgelder in der Höhe von mehr als 100 000 Franken und war weder der Finanzkontrolle noch der Rechnungsprüfungskommission bekannt. Die acht PUK-Mitglieder von SP, Grüner Partei und Alternativer Liste wollten das KK III inklusive Büro S unverzüglich abschaffen; die sieben Mitglieder aus dem mittleren und rechten politischen Spektrum waren der Meinung, es genüge, den Staatsschutz einer besseren Kontrolle zu unterstellen. Der erst seit kurzem amtierende SP-Polizeivorstand Robert Neukomm verkündete gegenüber den Medien: »Ich gehe davon aus, dass das KK III abgeschafft wird.« Später relativierte er, sprach von mindestens dreissig Stellen, die abgebaut werden müssten. Heute möchte Robert Neukomm nicht mehr über diese Zeit sprechen. Zurück blieben verunsicherte Mitarbeiterinnen und Mitarbeiter, die sich gegenseitig beobachteten. Wie Schaffner sagt, hoffte jeder für sich darauf, irgendwie und irgendwo weiterbeschäftigt zu werden. »Die Verunsicherung war riesig.«

Zehntausende aufgebrachter Bürgerinnen und Bürger demonstrierten Anfang März 1990 gegen den »Schnüffelstaat«, Kulturschaffende riefen zum Boykott der 700-Jahr-Feier der Eidgenossenschaft auf. 300 000 Fichierte begehrten Akteneinsicht.

Politikerinnen und Politiker bemängelten, der Staatsschutz sei auf dem »rechten Auge« blind, habe sich auf harmlose linke Bewegungen konzentriert und echte Gefahr aus der rechtsextremen Szene ignoriert. Wenig später deckten zwei weitere Untersuchungskommissionen die Existenz der »Widerstandsarmee« P-26 und des geheimen Nachrichtendienstes P-27 auf. Schaffner erinnert sich kaum mehr an die politischen Vorgänge dieser Zeit, was ihm geblieben ist, sind die Arbeiten, die vor der Herausgabe der Fichen geleistet werden mussten. Wer Einsicht in seine Fiche verlangte, erhielt eine Kopie, auf der die Namen von Drittpersonen entfernt worden waren. So wollte man die Identität der Informanten schützen. Diese Aufbereitung musste jemand in die Hand nehmen. Schaffner suchte zusammen mit Kollegen Fichen aus den grossen Karteikästen und schnitt nach bestimmten Kriterien mit dem Teppichmesser Namen raus. »Eine Riesenbüez, fast ein Jahr lang«, sagt er. Alles, was man jahrelang zusammengetragen hatte, wurde nun veröffentlicht. Für viele langjährige Mitarbeiter sei das eine regelrechte Tortur gewesen. Sie seien gezwungen worden, ihr Lebenswerk selber zu zerstören. Schnitt für Schnitt. »So etwas wünscht man niemandem.«

Mit der Veröffentlichung der Fichen flogen zwei weitere Insider auf: Heinrich Burch alias »Henry Gasser«, der als Aktivist im Quartier- und Kulturzentrum Kanzlei aufgetreten war, und der »AKW-Gegner« René Grenacher alias Gross, der nach Schaffners Enttarnung an der Badenerstrasse gewohnt hatte.

## Niklaus Scherr,
Journalist, Zürcher Gemeinderat für die
Alternative Liste, AL

Niklaus Scherr, Doyen der linken Zürcher Stadtpolitik, schaffte
es im KK III bis auf die Liste der Staatsfeinde. Seit 1978 für
die Progressiven Organisationen der Schweiz, POCH, im
Zürcher Gemeinderat und Exponent diverser Bürgerinitiativen,
erhielt er 1990 Einsitz in die Parlamentarische Untersuchungskommission PUK, welche die Arbeit des Stadtzürcher Geheimdienstes überprüfen sollte. Scherr war zuständig für die Aufklärung der Insider-Einsätze. Mehr als 25 Jahre später treffe ich
Scherr im Büro der AL am Helvetiaplatz. Er hat ein Mäppchen
mit einigen maschinengeschriebenen Notizzetteln voll Informationen bei sich, die ihm damals ein Mitarbeiter des KK III über
einen Mittelsmann zugespielt hatte. Wer genau diese ominöse
Quelle war, weiss Scherr bis heute nicht.

Meine Wahl in die Parlamentarische Untersuchungskommission PUK im Mai 1990 führte zu einer politischen Kon-
troverse. Ich, ein Fichierter, war für Politikerinnen und Politiker aus dem rechten Lager nicht unbefangen genug für
diese Aufgabe.
Auch in Polizeikreisen regte sich Widerstand, sicher auch,

weil man wusste, dass man Aktivisten wie mich nicht so leicht hinters Licht führen konnte.

An meinen ersten Besuch in der Registratur erinnere ich mich genau. Diese unglaubliche Menge an hellgrünen Karteikärtchen! Eines der Kistchen war mit »Politiker« beschrieben. Wir stürzten uns natürlich sofort darauf. Als Erstes fiel mir der rote V-Stempel auf dem Deckblatt meiner Fiche auf, ich fragte den Beamten, der uns begleitete, wofür dieses »V« stehe. Er sagte: »Das ist die Verdächtigenliste.«

Das KK III war von der Bundespolizei beauftragt worden, aus all den Fichierten der Stadt Zürich fünfzig bis sechzig Drahtzieher herauszufiltern. Was mit mir und den anderen »Verdächtigen« passieren sollte, wenn es Krieg gäbe oder innenpolitische Unruhen, war bereits generalstabsmässig geplant: Ich zum Beispiel wäre in einem Gefängnis in Luzern oder Lenzburg interniert worden. Die Haftbefehle für die vermeintlichen Unruhestifter waren bereits vorbereitet, hätten nur noch datiert und unterschrieben werden müssen. Das ist mir heftig eingefahren, die ganze Schizophrenie dieses Staates: Einerseits stand ich als gewählter Politiker im Dienst dieses Landes, gleichzeitig bereitete der gleiche Apparat meine Deportation als Staatsfeind vor.

Ich würde mich nicht als besonders naiv bezeichnen, aber was wir da angetroffen haben, war Schock und Überraschung zugleich: Über sechzig Leute waren damals allein in der Stadt Zürich im Einsatz, um die Linke zu überwachen, ein ganzes Bürogebäude an der Stampfenbachstrasse voll mit Staatsschützern. Der irrwitzige Aufwand, der da betrieben wurde, überstieg alles, was wir uns vorgestellt hatten.

Kaum hatten wir mit der Sichtung der Fichen und Rapporte angefangen, meldete sich ein Bekannter bei mir. Er stehe in Kontakt mit einem Informanten aus dem Staatsschutz, der bereit sei, mir Internas aus dem KK III zu liefern. Die Quelle sei interessiert daran, dass unsere Kommission gute Arbeit leisten könne und nicht übers Ohr gehauen werde. Da ich diesem Bekannten vertraute, stieg ich auf das Angebot ein. Ich traf den Mittelsmann im Foyer des Zürcher Gemeinderates, er brachte mir eine Liste mit Fragen, die ich bei meinem nächsten Besuch an der Stampfenbachstrasse stellen sollte. Fortan trafen wir uns regelmässig alle vierzehn Tage, jedes Mal erhielt ich wertvolle Tipps und präzise Insider-Informationen, die sich stets als zutreffend erwiesen. Mit der Zeit ging das so weit, dass die Quelle uns Rückmeldungen gab zu unserem letzten Besuch: was man uns nicht gesagt hatte, aber auch, wo man Unterlagen verstaut hatte, die wir nicht finden sollten.

Für mich waren diese Informationen natürlich phänomenal, aber gleichzeitig spürte ich, dass die Aggressionen gegen mich im KK III wuchsen. Sie hatten realisiert, dass ich von einem Whistleblower unterstützt wurde, und man darf nicht vergessen, dass damals erst die Insider Truniger und Schaffner geoutet waren.

Bereits bei den ersten Fichen, die ich untersuchte, realisierte ich, dass diese gesäubert worden waren. Irgendjemand hatte die Kürzel der Insider ausradiert, welche neben jedem Eintrag standen. In stundenlanger Kleinstarbeit hatte man versucht, ihre Namen zu schützen. Wir haben zum Glück später die Kopien der Fichen gefunden, für die bereits vor dem Beginn unserer Arbeit Einsichtsgesuche gestellt worden waren. Die waren noch im Originalzustand, und ich hatte bald eine vollständige Liste aller Insider zusammen. Im Korps führte das verständlicherweise zu einem kleinen Aufstand gegen mich. Was genau besprochen wurde im KK III, erfuhr ich aus den Berichten meines Informanten. Ende Juni 1990 wurde mir mitgeteilt, dass einige Beamte wegen mir die Aussage vor der Untersuchungskommission verweigern würden, sie gäben nicht Auskunft gegenüber jemandem, den sie überwacht hätten. Unmissverständlich war die von meiner Quelle übermittelte Drohung: »Scherr soll aufpassen, dass ihn nicht einer der älteren Beamten während einer Einvernahme erschiesst.«

Angenehm waren diese Informationen nicht, aber ich versuchte, mich nicht ins Bockshorn jagen zu lassen. Im September begannen wir mit den Befragungen der KK-III-Leute im Konzertsaal des Stadthauses. Ich würde lügen, wenn ich behauptete, ich hätte keine Angst gehabt, ich überlegte mir sogar, eine Durchsuchung der Beamten nach Waffen zu verlangen. Die Stimmung war angespannt, das ganze Setting furchtbar: Wir sassen an U-förmig angeordneten Tischen, zuoberst der Präsident der PUK, an den Seiten wir, die übrigen vierzehn PUK-Mitglieder. Die Polizisten, die zur Befragung antanzen mussten, sassen unten, an der offenen Seite des »Us«, auf einem Stühlchen. Ziemlich brutal für einen Polizisten, der es gewohnt war, in solchen Verhörsituationen die Oberhand zu haben. Wie arme Sünder sassen sie da. Wir spürten schnell, dass unsere Arbeit viele der Staatsschützer in eine regelrechte Sinnkrise gestürzt hatte. Das tat einerseits gut, andererseits machte es die Sache für mich nicht gemütlicher.

Die Tage im September, an denen die Mitglieder der Fachgruppe 4 befragt werden sollten, waren für mich die bedrohlichsten. Da hockten die ganz Harten vor uns, die Leute, die noch immer das Gefühl hatten, sie müssten das Land vor den

Kommunisten retten. Schaffner zum Beispiel, einer der produktivsten Insider überhaupt. Tatsächlich legte er einen denkwürdigen Auftritt hin: Er setzte sich im Konzertsaal auf das Stühlchen und erklärte, vor Leuten wie mir werde er gar nichts sagen. Er verlas ein paar Sätze und schwieg wieder, dabei sah er schlecht aus, unrasiert, unkonzentriert und fast ein wenig verwahrlost. Später brachte er gesundheitliche Gründe vor, warum er nicht mit uns reden könne. Für mich war das ein weiteres Alarmsignal.

Die ganze Situation spitzte sich zu, als mir Jürg Frischknecht ankündigte, er werde in der nächsten WoZ einen weiteren Insider enttarnen. René Grenacher, der sich 1986 in die nach Tschernobyl gegründete »Aktion Atomstopp« eingeschlichen hatte, ausgerechnet in eine Gruppe, in der auch ich aktiv gewesen war. Für mich war der Zeitpunkt der Enthüllung denkbar ungünstig, denn die anderen Kommissionsmitglieder sowie die restlichen Insider würden sofort mich als Frischknechts Quelle verdächtigen. Was nicht stimmte. Ich bat Frischknecht inständig, mit dem Artikel zu warten. Er brachte ihn trotzdem.

Als Ende September mein Velo vor dem KK III verschwand, blieb ich zunächst ruhig. Es war ein Donnerstagabend, ich hatte mein »Sepp Fuchs«-Velo an der Stampfenbachstrasse abgestellt und war ins KK III hochgestiegen, um weitere Fichen zu sichten. Als ich das Gebäude um fünf Uhr verliess, war das Velo weg. Der Platzspitz war nahe, und so redete ich mir ein, ein Drögeler habe meinen fahrbaren Untersatz mitlaufen lassen. Am Montag meldete ich den Verlust dann doch auf der Kreiswache 4. Ich konnte mir die Bemerkung nicht verkneifen, dass vielleicht die Kollegen vom KK III wüssten, wo mein Velo sei. Der Beamte schaute mich schräg an. Um zwanzig nach zehn abends kam ich heim, und siehe da: Mein Velo stand vor meiner Tür. Exakt am selben Platz im Veloständer, wo ich es selber immer abstellte. Ich blickte mich um, sah aber lediglich zwei Männer, die im Hinterhof des Nachbarhauses schwatzten und rauchten. Ich kehrte umgehend auf die Kreiswache zurück und fragte, ob mir jemand von der Polizei das Velo zurückgebracht habe. Der Beamte schüttelte den Kopf, der Rapport hatte seinen Schreibtisch noch gar nicht verlassen.

In diesem Moment wurde mir klar, dass mir jemand übel mitspielte, und natürlich bekam mit dieser Velogeschichte auch die Morddrohung aus dem KK III eine ganz andere Dimension. Ich bat den Beamten, den Rapport nicht wegzuwerfen, und machte mich mit einem unguten Gefühl auf den Heimweg. Um exakt zwanzig nach elf stand ich vor der Haustür und stellte fest, dass mein Velo wieder weg war, die beiden Männer auch. Tags darauf meldete ich mich telefonisch auf der Wache, verlangte explizit eine Nachfrage beim KK III. Als ich am Nachmittag persönlich auf dem Posten erschien, hatte man für mich bereits ein Formular vorbereitet, mit dem ich bestätigen sollte, dass ich mein Fahrrad zurückerhalten habe. Mein Velo, sagte der Beamte, stehe zur Abholung bereit: Es war am alten Platz vor dem KK III sichergestellt worden ...

Langsam, aber sicher wuchs mir die Sache über den Kopf. Was, wenn tatsächlich einer der KK-III-Leute Amok laufen würde? Ich tauchte zehn Tage lang unter. Dem damaligen Polizeivorsteher Robert »Bobby« Neukomm schrieb ich einen Brief und erklärte ihm, dass ich mich bedroht fühlte. Ich bat ihn, die nötigen Massnahmen zu treffen, damit ich im KK III in Sicherheit arbeiten konnte, und insbesondere dafür zu sorgen, dass gewisse amokverdächtige Personen nicht zugegen waren. Gleichzeitig deponierte ich bei einem Freund und Anwalt zwei verschlossene Briefe, in denen ich alles bisher Vorgefallene rapportierte, und bat ihn, die nötigen Schritte einzuleiten, sollte mir etwas passieren. Das war das einzige Mal in meiner Aktivität als Politiker, dass ich um mein Leben fürchtete.

Kurz und gut: Mir geschah nichts, und wir schafften es, den 284 Seiten starken Untersuchungsbericht termingerecht fertigzustellen. Nach René Grenacher alias René Gross wurde im Dezember 1990, noch vor Erscheinen des PUK-Berichts, auch der Insider Heinrich Burch alias Henry Gasser in der WoZ enttarnt. Die Namen der fünf weiteren von der PUK identifizierten Insider sind bis heute nicht öffentlich bekannt.

Einige Zeit nach der Veröffentlichung des Berichtes kontaktierte mich Bobby Neukomm. Es sei jetzt geklärt, wer damals mein Velo gestohlen habe. Der Beamte wolle mich treffen und sich bei mir entschuldigen. Ganz wohl war mir bei der Sache nicht – wer garantierte mir, dass das keine Falle war? Ich vereinbarte ein Treffen beim Zürcher Hauptbahnhof in einem gut besuchten Lokal. Meine Partnerin platzierte sich in der einen Ecke des grossen Saals, und ich setzte mich in eine andere.

Der Mann, der schliesslich erschien, war keiner der mir bekannten Insider, sondern ein braver Beamter, dessen Aufgabe es war, die Osteuropa-Passagiere am Zürcher Flughafen zu überwachen. Er beklagte sich bei mir, dass er als SP-Sympathisant im KK III geplagt werde, gab dann aber zu, damals mein Velo aus Jux in den Hauseingang gestellt zu haben, in der Meinung, ich sähe es dort. Er hatte ein Zugbillett nach

Basel dabei, mit dem er mir beweisen konnte, dass er direkt nach der Arbeit nach Basel zu seiner Tochter gefahren war, also am Abend nicht in Zürich war, als das Spielchen mit meinem Velo gespielt wurde. Die ganze Aktion musste eine kleine Strafaktion seiner Kollegen gewesen sein. Sie hatten wohl die Chance gewittert, damit nicht nur mir, sondern auch dem ungeliebten linken Kollegen eins auswischen zu können.

# Neuanfang

1990 begann für Schaffner, wie er sagt, ein neuer Lebensabschnitt. Privat und beruflich. In unseren Gesprächen spricht Schaffner oft von seinem ersten und seinem zweiten Leben. Im Leben Nummer zwei betrachtet Schaffner die Arbeit der Polizei während der Jugendunruhen kritisch. »Es gab Übergriffe auf beiden Seiten, aber die Gegenseite musste definitiv grössere Verluste hinnehmen: ausgeschossene Augen, Körperverletzungen, sogar Tote.« Man sei damals davon ausgegangen, dass sich solches nicht vermeiden lasse, auch wenn man heute zugeben müsse, dass es meist harmlose Mitläufer getroffen habe und eigentlich nie die wirklich Militanten. Schaffner kann nicht genau sagen, wann bei ihm »der Schalter umgekippt« ist. Was er heute als politisches Umdenken beschreibt, klingt für Aussenstehende immer noch eher nach einer aufgezwungenen Anpassungsleistung, einem von aussen gesteuerten Prozess. »Man wollte keine verdeckten Ermittler mehr in die politische Szene einschleusen«, sagt er. Das habe er irgendwann verinnerlicht. »Wir sollten künftig klar als Polizisten auftreten und wann immer möglich zuerst auf Augenhöhe das Gespräch suchen.«

Erst nach und nach, in vielen schlaflosen Nächten habe er begonnen, sich eine eigene Meinung zu bilden, seine Arbeitsweise zu überdenken und eigene Grundsätze zu erarbeiten. »Da war ein kleiner Riss in meinem Selbstverständnis als Polizist, der sich nicht mehr schliessen liess.« Ganz so pflegeleicht, das wusste Schaffner, würde er für seine Vorgesetzten nicht mehr sein. Nicht, dass er sich aktiv widersetzen würde, dafür war er nicht der Typ, aber er würde sich nicht mehr widerstandslos jedem Befehl fügen. Dafür war zu viel passiert.

Für sein Team war Schaffner eine Herausforderung. Wo sollte man hin mit dem Enttarnten, mit dem Beamten, der sich geweigert hatte, mit der PUK die Insider-Zeit aufzuarbeiten? Einer seiner direkten Vorgesetzten – Schaffner will ihn namentlich nicht erwähnt sehen – legte ihm nahe, in die Velokontrolle zu wechseln. »Velokontrolle...«, wiederholt Schaffner, und man spürt auch nach all den Jahren noch, wie verletzend das gewesen sein muss. Auf das Bewerbungsformular, das man Schaffner vorlegte, schrieb er, er wolle im Sicherheitsdienst bleiben. Grosse Hoffnungen machte er sich nicht, darum wartete er gar nicht erst auf eine Antwort, sondern nahm die Sache selbst in die Hand: Er bat Stadtrat und Polizeivorsteher Robert Neukomm um ein Gespräch. Fast zwei Stunden habe er gebraucht, um den SP-Mann davon zu überzeugen, dass er mit seinen Erfahrungen und seinen Szenekenntnissen im Sicherheitsdienst weiterhin am richtigen Ort sei. »Probieren wir es«, habe Neukomm schliesslich eingelenkt. Nicht nur zur Freude des Korps, und auch bei den ehemaligen Mitgliedern der PUK war der Ärger verständlicherweise gross. »Es war ein mutiger Entscheid von Bobby«, sagt Schaffner anerkennend. Bis heute wundert er sich, dass sich die Mitglieder der PUK nicht aktiver gegen seine Weiterbeschäftigung wehrten. Er selber nahm sich vor, sich ab sofort streng an die Vorgaben der Politik zu halten.

Zu Margrith sagte er: »Als verbrannter Insider bleibt mir genau eines: Jeder alten Frau über die Strasse zu helfen und zu hoffen, dass mich dabei ein Journalist sieht.« Ich frage ihn, ob er frustriert gewesen sei zu dieser Zeit. »Das ist das falsche Wort«, antwortet er, »aber eine gewisse Resignation war schon da. Die ganze Abteilung verharrte in einer Art Schockstarre. Wir wollten um Gottes willen nichts mehr falsch machen.«

Auch privat sass Schaffner in der Klemme. Margrith fand, es sei an der Zeit, ihre Beziehung auf eine legale Basis zu stellen, die Hochzeit zu planen. Schaffner tat sich schwer damit. Die Angst davor, seine Freiheit zu verlieren, schnürte ihm die Kehle zu. Es dauerte eine ganze Weile, bis er sich mit dem Gedanken anfreunden konnte, Ehemann zu werden. »Du bist jetzt vierzig, du hast das Leben gesehen«, redete er sich selber ein. Heute sagt er: »Ich wusste, dass es mir nicht guttun würde, ledig zu bleiben. Da muss man ehrlich sein. Wenn man zu lange allein bleibt, wird man komisch, und wer vom Typ her eher der Einzelgänger ist, sowieso.« Margrith Hobi, die kurz vorher mit einem Stapel Glückwunschkarten, die sie mit eigenen Bildern gestaltet, um sie dann an Fachgeschäfte zu liefern, in die Küche gekommen ist, sagt: »Soso, es ging dir also mehr um dich als um mich?« Schaffner seufzt: »Nein, ich weiss sehr genau, dass es für mich keine Bessere gegeben hätte.« »Oha, jetzt muss er wieder Boden gutmachen«, sagt seine Frau. Dann lachen beide.

Die Hochzeit, das wussten sowohl die Braut als auch der Bräutigam, würde in ihren Herkunftsfamilien nicht auf Begeisterung stossen. Schaffners Mutter hätte es lieber gesehen, wenn der Sohn ledig geblieben wäre, und Margriths Mutter hatte ihre Skepsis gegenüber dem eigenwilligen Polizisten, in dem sie keinen Ehemann sah, bereits mehrfach kundgetan. Margrith schlug vor, heimlich zu heiraten und das Geheimnis erst an Weihnachten zu lüften, wenn längst alles vorüber war. Schaffner willigte sofort ein. Er scheute Konflikte, jene in der Familie noch mehr als andere. Irgendwann beschlichen Margrith Zweifel: War es ihrem Willy wirklich ernst? Sie stellte ihn auf eine letzte Probe: »Du organisierst alles, ich komme dann einfach mit aufs Standesamt.« Wenn er es wirklich wollte, sagte sie sich, würde er die Sache an die Hand nehmen, wenn nicht, sei es besser, das jetzt noch zu merken. Schaffner legte den Termin auf den 1. Dezember 1989 fest. Kurz vorher realisierte er, dass er Trauzeugen brauchte. Er rief einen Freund an und fragte ihn, ob er am Freitag kurz Zeit habe. Eine Stunde maximal, »als Trauzeuge«. Der Kollege, der auch Margrith kannte, machte grosse Augen. »Ein halbes Jahr gebe ich euch«, prophezeite er, und er wisse wirklich nicht, ob er diese Verantwortung übernehmen könne. Er kam dann doch und, damit Schaffner nicht noch eine Trauzeugin suchen musste, grad mit seiner Frau.

Am Morgen des Hochzeitstages war Margrith Hobi wie gewohnt zur Arbeit gegangen. Über den Hochzeitstermin sprach sie mit niemandem. Ausgerechnet heute kam kaum Kundschaft, und sie hatte Zeit, zusehends nervöser zu werden. War sie gerade im Begriff, einen grossen Fehler zu begehen? Hatte ihre Mutter vielleicht doch recht gehabt, als sie sie vor Schaffner gewarnt hatte? Der Satz: »Der ist nichts für dich!«, drehte sich wie ein Karussell in ihrem Kopf. Um halb elf hielt sie es nicht mehr aus, sie fragte ihren Chef, ob sie ein bisschen früher gehen dürfe, sie müsse noch an eine Hochzeit. »Wer heiratet denn?«, wollte der Chef wissen. »Ich«, flüsterte Margrith. Der Chef staunte nicht schlecht, gratulierte dann aber und steckte ihr ein Fünfzigernötli zu. Mit den Worten: »Kauf dir was Schönes«, liess er sie ziehen.

Die Zeremonie, sagen beide, sei dann doch irgendwie schön gewesen. Feierlich. Danach fuhr die Familie gemeinsam zu Willys Mutter. Geplant war, Sohn Philipp beim Grosi zu lassen und für ein heimliches Flitterwochenende ins Tessin zu fahren. Als die Frischvermählten die Wohnung in Erstfeld betraten, roch es nach Kartoffelsuppe, der Tisch war bereits gedeckt. »Ihr könnt jetzt nicht einfach fort«, sagte Schaffners Mutter, »wer isst sonst die Suppe?« Margrith schluckte leer. Und es kam, wie es kommen musste: Sie verbrachte die Hochzeitsnacht auf einem Klappbett in der Stube, Philipp und Willy im ehemaligen Kinderzimmer. Bevor Margrith am Montag wieder zur Arbeit ging, telegrafierte sie ins Geschäft: »Ich habe geheiratet.« Schaffner hingegen ging am Montag ins Büro und sagte niemandem etwas. »Das hätte doch nur einen administrativen Wirbel gegeben«, begründet er.

Dann kamen Weihnachten und der Moment, an dem das grosse Geheimnis in der Familie gelüftet und endlich auch Philipp eingeweiht werden sollte. »Erzähl du das«, sagt Schaffner. Margrith Hobi erinnert sich genau. »Beide Mütter sassen glücklich und zufrieden auf dem Sofa und plauderten.« Zweimal schon hatte Margrith einen Anlauf genommen, die frohe Botschaft zu verkünden, beide Male erschien ihr der Moment dann plötzlich doch nicht glücklich. Jetzt standen die Frischvermählten gemeinsam vor ihren Müttern. Margrith nahm all ihren Mut zusammen und sagte: »Wir haben eine Überraschung für euch.« Erwartungsvoll blickten die beiden Frauen auf. Margrith schluckte einmal leer und sagte dann leiser, als sie es geplant hatte: »Willy und ich sind seit dem 1. Dezember Mann und Frau.« Einen Moment lang war es totenstill, sogar Philipp schwieg. Eine gefühlte Ewigkeit später sagte Willys Mutter kopfschüttelnd: »Ja dänn halt«, und Margriths Mutter etwas lauter: »Das dörf doch nöd wahr si!« Man ass dann doch zusammen, aber weihnachtliche Stimmung wollte an diesem Abend nicht mehr aufkommen.

Zurück im Büro, fand Schaffner heraus, dass Neuvermählte fünf Ferientage zugut haben. Perfekt, um mit Freunden angeln zu gehen, dachte er sich. So erfuhren seine Vorgesetzten schliesslich doch noch, dass Schaffner jetzt Ehemann war. Mit Fischen wurde aber trotz der Offenbarung nichts, der Ferienbezug, sagte der Chef, sei »ereignisgebunden« und hätte schon vor der Hochzeit angemeldet werden müssen.

Auf der Strasse, bei der täglichen Arbeit hatte Schaffner einen schweren Stand. Er versuchte, wie alle anderen im neuen Sicherheitsdienst, das KK-III-Image loszuwerden, offensiver aufzutreten und vermehrt das Gespräch zu suchen. Aber wer wollte schon mit ihm reden? »Spitzelsau«, grüssten ihn Aktivisten. »Hau ab, du Dreckschmier!«, riefen sie ihm an Demonstrationen zu. »Wäre ich trotzdem auf die Leute zugegangen, hätte ich garantiert eines auf den Latz gekriegt.«

Einzig mit den ausländischen politischen Gruppierungen, den Kurden, Albanern, Serben, den Tamilen, Syrern und Tibetern gelangen Schaffner erste Annäherungen. Schaffner unterstützte sie bei der Eingabe von Bewilligungen für politische Aktionen, klärte sie darüber auf, was man akzeptieren würde und was nicht. Er begleitete ihre Demonstrationen und trat als Vermittler auf, wenn es Konflikte gab. Es habe Jahre gedauert, bis auch die ersten Agitatoren der linken Szene akzeptiert hätten, dass er nun den Dialog suchte, dass er ein Stück weit sogar bereit war, ihre Anliegen intern zu vertreten. Die Hausbesetzer seien die Ersten gewesen, die mit ihm gesprochen hätten, erinnert er sich. »Wir sehen ja, dass du kein Schlechter mehr bist«, habe irgendwann einer der Besetzer gesagt, »darum reden wir mit dir, als Teil des Systems aber werden wir dich immer ablehnen.« Natürlich habe er weiterhin rapportiert, räumt Schaffner ein, aber niemals im gleichen Masse wie vorher. »Mit der Datenerfassung von Personen war man jetzt äusserst zurückhaltend.«

## Brechstange und Vaterliebe

Anfang 1992 versetzte man Schaffner im Rahmen eines mehrwöchigen Praktikums in den Mediendienst der Stadtpolizei. Auf den Versand der ersten, völlig banalen Medienmitteilung, die er unterschrieben hatte, reagierten die Medien heftig. »Comeback eines Enttarnten«, titelte die Zürcher Zeitung DAZ und fragte: »Ist Willy Schaffner jetzt wieder beim Datensammeln über alles Böse in dieser Stadt? Zum Beispiel am 1. Mai, als er an der Front im Einsatz war? War die ganze PUK-Arbeit, die Auflösung des PolitKommissariates KK III lediglich ein Hornberger Schiessen?« Beim »P. S.«, der Zeitschrift der Sozialdemokratischen Partei, schaffte es Schaffner gar auf die Titelseite. Die interne Weisung, die ihm per sofort verbot, Dokumente zu unterschreiben, die nach draussen gingen, folgte auf dem Fusse.

Schaffner sass es aus. Man habe keine Möglichkeit ausgelassen, ihm den »Verleider anzuhängen«, sagt er rückblickend. Ans Aufgeben habe er trotzdem nie gedacht. »Ich wusste immer, dass mein Platz an der Front ist, dort bin ich stark, im Büro wäre ich eingegangen wie ein Blüemli im Herbst.« So ging er weiterhin an Demonstrationen, suchte das Gespräch mit Gesuchstellern und sprach mit Hausbesetzern. Immer öfter störte er sich selber daran, dass Kollegen wegen Nichtigkeiten eingriffen, und er begann, an Sitzungen zur Besonnenheit aufzurufen. »Darf man als Staat obdachlose Menschen aus unbewohnten Häusern werfen? Auch dann, wenn diese danach weiterhin leer stehen? Darf man eine ganze Gruppe von Demonstranten mit Tränengas eindecken, bloss weil einer von ihnen eine Wand besprayt?« Solche Fragen beschäftigten ihn immer mehr. Intern kam er damit nicht bei allen gut an. »Im Korps dominierten diejenigen, die darauf bestanden, das Recht buchstabengetreu durchzusetzen.« Ein Demonstrationszug hatte um zwei Uhr loszumarschieren – und nicht um zehn nach; eine politische Standaktion durfte drei auf drei Meter öffentlichen Raum beanspruchen – und keine fünf Zentimeter mehr. Grundsätzlich, sagt Schaffner, hätten diese Kollegen das Recht auf ihrer Seite, »ganz klar«. Aber er selber sei je länger, je mehr zur Überzeugung gelangt, dass »die Brechstange nicht immer das richtige Werkzeug ist«, um einvernehmliche Lösungen zu erreichen.

Warum gerade er? Er, der jahrelang politisch Aktive bespitzelt hatte? Natürlich, sagt Schaffner, gebe es einen Teil in ihm, der eine Art Wiedergutmachung suche, Vergebung von Leuten, die er hintergangen habe, aber das sei nur ein Aspekt seiner »Entwicklung«. Wichtiger sei der Denkprozess, der irgendwann nach der Fichenaffäre bei ihm eingesetzt habe und der auch jetzt, nach seiner Pensionierung, nicht abgeschlossen sei. Er habe durchaus ein gesundes Rechtsempfinden, erklärt er, »aber ich habe irgendwann die Chance erkannt, die darin liegt, in gewissen Situationen sensibler und mit Augenmass zu reagieren«. Seine Vorgesetzten liessen ihn an der langen Leine. Einmal mehr. Schaffner half, dass er sich nach wie vor am besten auskannte in der Szene. »Für viele Polizisten sind Leute, die den öffentlichen Raum für Kundgebungen nutzen, bis heute per se Chaoten«, sagt Schaffner. Aber nicht jeder spontane Protest im öffentlichen oder privaten Raum müsse als bedrohlich eingestuft und polizeilich aufgelöst werden.

Mit dieser Haltung befand sich Schaffner in der Stadtpolizei immer wieder einmal selber in der Position des Rebellen. Die gewünschte Anerkennung der Szene kam trotzdem nicht. Regelmässig sah Schaffner an Demonstrationen Flugblätter kursieren, die sein Konterfei zeigten, oft mit Privatadresse und Telefonnummer. Unter dem Bild stand dann beispielsweise: »Vorsicht: Willy Schaffner, immer noch ein Staatsschutzbulle!« Oder: »Schaffner spitzelt heute wieder an vorderster Front, merkt euch das Gesicht und denunziert! An ZAF!-(Züri Autofrei!-)Aktionen, an GBI- und Bankendemos versuchte er, sich an Leute ranzumachen, die ihn nicht kennen, und so in Strukturen vorzudringen. Ausserdem sitzt er mit den anderen Staatsschutzschergen im Volkshaus, wenn dort Versammlungen stattfinden.«

»Ich werde bis an mein Lebensende der Spitzel bleiben«, sagte sich Schaffner irgendwann und beschloss, es zu akzeptieren. Wie war es wohl für Philipp, Willys Sohn, mit einem enttarnten Spitzel als Vater aufzuwachsen? Ich habe ihn damals, bei unserem Treffen in Horgen gefragt, und er erzählte:

»Grundsätzlich hat Willy seine Arbeit von mir ferngehalten. Aber natürlich gab es Momente, in denen ich realisiert habe, dass mein Vater einen besonderen Job machte. Ich erinnere mich zum Beispiel an Schmierereien an unserem Familienauto, dass Leute ihm Schimpfwörter auf die Scheiben geschrieben haben. Auch wenn das daheim kein grosses Thema war, wusste ich, dass es Leute geben musste, die meinen Vater hassten. Das war einfach so. Willy liess sich davon nicht aus der Ruhe bringen. Ich erlebte ihn immer als ruhig, herzlich, geduldig, für mich der beste Vater, den ich mir hätte wünschen können. Von seinen emotionalen Talfahrten, die es zweifelsohne gegeben haben muss, habe ich nie etwas mitbekommen. Er war ein Stück weit mein Held, wir fuhren ins Urnerland, gingen fischen, wandern, bergsteigen – weit weg von Zürich und der Polizei.

Ich habe ihn nie hinterfragt und seine Arbeit genauso wenig. Über Sinn und Unsinn, Recht und Unrecht habe ich nie geurteilt. Bis heute nicht. Willy war einfach mein Vater, nicht der Spitzel. Natürlich erinnere ich mich an Flugblätter, auf denen er denunziert wurde. An eines ganz besonders, ich muss ungefähr zehn Jahre alt gewesen sein, als ich es im Büro gefunden habe: Irgendeine Untergrund-Bewegung hatte zwölf Fotos von Insidern veröffentlicht, unter anderem eines von Willy – ich hab mir die angesehen und gemerkt, dass ich zehn von ihnen kannte. Das ist vielleicht nicht, was man als ›normales‹ persönliches Umfeld bezeichnet, das fiel mir damals schon auf. Obwohl das natürlich alles ganz normale Menschen waren, mit Familien und Einfamilienhäusern.

Je älter ich wurde, desto mehr interessierte mich, was genau Willy gemacht hat. Ich war in der Sek, als ich das alles langsam einordnen konnte. Da waren die Achtzigerjahre längst Schnee von gestern. Erst jetzt wird mir bewusst, dass das für ihn alles noch sehr präsent ist, für mich war es das nie. In meinem Freundeskreis weiss kaum jemand, wovon ich spreche, wenn ich die Achtziger-Unruhen erwähne. Das ist jüngeren Leuten kein Begriff mehr. Darum wurde ich wohl auch nie mit Willys Geschichte konfrontiert. Weder damals in der Schule noch später im Arbeitsleben.

Heute weiss ich, dass er zeitweise viel einstecken musste. Dass ich davon nie etwas mitbekommen habe, rechne ich ihm hoch an. Er ist alles andere als ein ›Jammeri‹. Auch wenn er später nach einer Demonstration mit Platzwunden am Kopf oder blauen Flecken nach Hause kam, sagte er einfach: ›Selber schuld – im falschen Moment am falschen Ort gestanden. Das kanns geben.‹

Natürlich fragte ich mich manchmal, ob er das wirklich alles so leicht wegsteckte. Ich könnte das definitiv nicht. An ihm, glaube ich wenigstens, prallen gewisse Dinge einfach ab. Das sind für ihn

Geschehnisse. Das gehört zum Beruf und fertig. Wenn ich mir das genauer überlege, war das auch daheim ein bisschen so. Nie aus bösem Willen, einfach weil Willy ist, wie er ist. Ich erinnere mich zum Beispiel an seine Reaktion auf meinen Beinbruch. Ich war noch in der Primarschule, draussen am Schlitteln. Auf der vereisten Piste verlor ich die Kontrolle und prallte mit voller Wucht gegen eine Strassenlaterne. Als mich Willy schreiend am Boden fand, packte er mich am Arm und sagte: ›So, fertig jetzt, das geht vorbei.‹ Als er daheim dann merkte, dass schon meine ganze Skihose voll Blut war, hat er sich die Sache dann doch genauer angeschaut. Ich hatte einen komplizierten offenen Unterschenkelbruch. Auf dem Weg ins Spital habe ich sehr gut gespürt, dass ihm seine erste Reaktion extrem leidtat. Gesagt hätte er so etwas nie. Nie. Das ist typisch Willy.

Er ist sehr kontrolliert, überlegt. Durch und durch Polizist. Sogar seine privaten E-Mails lesen sich ein bisschen wie Rapporte. Sein Beruf war seine Daseinsberechtigung, die Polizei sein Leben, auch wenn er für seine Berufung einen sehr hohen Preis bezahlt hat.

Dass er sich jetzt, nach seiner Pensionierung die Zeit nimmt, seine ganze Geschichte emotional aufzuarbeiten, kann ich sehr gut verstehen. Er hat das wohl alles jahrzehntelang auf Eis gelegt. Wenn er jetzt durch dieses Buch die Chance bekommt, sich zu erklären, dann wird er diesen Lebensabschnitt abschliessen können, davon bin ich überzeugt. Ich persönlich wünsche mir, dass die Leute sehen, auf wessen Mist das ganze Spitzelwesen gewachsen ist. Da steckte der Staat dahinter, mein Vater hatte einen Auftrag, den er erfüllt hat – und irgendwann hat man ihn geopfert.«

Philipp Hobi steht auf, tritt raus auf die grosse Terrasse, lässt den Blick über den Zürichsee schweifen und zündet sich eine Zigarette an. In der Art, wie er sich bewegt, wie er lacht, wenn er einen Witz macht, glaube ich, Willy Schaffner zu erkennen. »Ich weiss, dass es absurd ist«, sagt er lachend, als ich ihn darauf anspreche. »Ich sehe den Willy sogar in meinen beiden Söhnen.« Und dann erinnert sich Philipp Hobi noch an einen Moment, an dem er doch einmal Angst hatte um seinen Vater. Er war bereits in der Lehre. Als er nach Hause kam, erklärte ihm seine Mutter, dass sich Willy als Geisel zur Verfügung gestellt habe, um einen alten kranken Mann zu retten. »Mein Vater war stark«, sagt Philipp, »aber als ich ihn dann da in der ›Tagesschau‹ sah, am Fenster dieses von Scharfschützen umstellten Hauses, war ich mir alles andere als sicher, ob er da unversehrt wieder rauskommen würde.«

## Geiseln

Am Montagabend, 15. Februar 1999, ging Willy Schaffner wie jeden Montag ins Fussballtraining – er spielte bei den Veteranen der Stadtpolizei Zürich. Nach dem Training trank er mit den Kollegen ein Bier, und als er kurz nach Mitternacht heimkam, ging er müde, aber zufrieden ins Bett. Bereits fünf Stunden später klingelte wie jeden Morgen um diese Zeit der Wecker. »Workaholic«, flüsterte ihm Margrith Hobi schlaftrunken zu. Schaffner verdrehte die Augen, seine Frau war bereits wieder eingeschlafen. Er hatte einiges an Administrativem zu erledigen, wollte früh im Büro sein heute. In den Fünf-Uhr-Nachrichten erfuhr er, dass irgendetwas mit dem Führer der kurdischen Arbeiterpartei, Abdullah Öcalan, geschehen war. Es war von Griechenland und Nairobi die Rede, genauer hatte er nicht hingehört. Im Büro fuhr Schaffner den Computer hoch, stellte die Kaffeemaschine ein. Wie meist war er der Erste. Kaum hatte er sich eingerichtet, rief eine Verkehrsbeamtin an und bat Schaffner, einem Kollegen ein Mobiltelefon und einen Akku für das Funkgerät zu bringen. Der Beamte stehe vor dem griechischen Konsulat an der Mühlebachstrasse 44. »Was ist denn los?«, wollte Schaffner wissen. »Besetzung«, sagte die Beamtin, »Kurden wohl.«

Bei Schaffner läuteten die Alarmglocken: Öcalan! Er holte die Geräte, fuhr sofort los. Als er vor dem Konsulat ankam, war das Haus bereits von einer Sondereinheit der Stadtpolizei umstellt. Der Kollege, der auf das Funkgerät gewartet hatte, erklärte ihm: »Geiselnahme. Eine Geisel noch im Haus, zwei vor kurzem freigelassen.« Schaffner erkannte einige der kurdischen Männer, die vor dem Haus mit Beamten verhandelten. Er hatte sie schon mehrfach bei der Gesuchstellung für ihre Demonstrationen unterstützt. »Grüezi mitenand«, rief Schaffner und dann: »Gopferteli, was macht ihr da?« »Öcalan wurde entführt!«, antwortete einer der Männer sichtlich aufgebracht. Ein anderer Kurde erklärte Schaffner, dass der PKK-Chef in Nairobi, wo er in der griechischen Botschaft Schutz gesucht hatte, von einem türkischen Sonderkommando entführt worden war. »Wir müssen die Welt auf dieses Verbrechen aufmerksam machen, Herr Schaffner«, erklärte der Mann bestimmt. »Aber doch nid so!«, entgegnete Schaffner, »nid so! Das geht jetzt eindeutig zu weit.«

Beim Hauseingang traf Schaffner auf die Ehefrau und die Tochter des Hausbesitzers, der im zweiten Stock als Geisel festgehalten wurde. Die Ehefrau war wütend, »hässig«, wird Schaffner später zu Protokoll geben. Sie erklärte, ihr Mann sei krank, habe bereits Herzinfarkte erlitten. Auch und vor allem habe er überhaupt nichts mit dem Konsulat zu tun. »Holen Sie ihn sofort da raus!« Schaffner beschloss spontan, sich persönlich für die Befreiung des Mannes einzusetzen. Der verantwortliche Einsatzleiter reagierte skeptisch. Fast hundert Aktivisten, vermutete man, seien im Haus, darunter Frauen, Jugendliche und Kinder.

Heute erscheine ihm seine damalige Reaktion etwas selbstherrlich, sagt Schaffner, blättert gedankenverloren in einem Stapel Notizen und Zeitungsausschnitten, den er eben aus einem der Wäschekörbe voller Erinnerungen geholt hat. »Ich habe damals einfach gedacht, man müsse etwas tun, bevor es Verletzte oder gar Tote gibt.«

»Lassen Sie mich rein?«, fragte Schaffner den Kurden, der als Mittelsmann agierte. Der Kurde schüttelte den Kopf, sagte aber dann: »Ich muss fragen«, und verschwand im Haus. Ein paar Minuten später kam er wieder heraus und winkte Schaffner zu sich. Funkgerät und Mobiltelefon musste er abgeben, dann begleiteten ihn mehrere Besetzer ins Haus.

An den ersten Eindruck im dunkeln Treppenhaus erinnert sich Schaffner genau: Auf der Treppe sassen und standen Dutzende kurdischer Männer und Frauen. Sie waren aufgebracht, lamentierten. Einige hatten Pfosten aus dem hölzernen Treppengeländer gerissen und hielten sie jetzt wie Schlagstöcke vor der Brust. Links neben dem Eingang schwenkte eine jüngere Frau einen grünen Benzinkanister. Die Stimmung war aufgeheizt, aggressiv. Schaffner versuchte, ruhig zu bleiben, grüsste freundlich, ging aber zügigen Schrittes hoch in die Wohnung im zweiten Stock, in der die Geisel festgehalten wurde. Die Tür war verschlossen. Schaffner schaute seine Begleiter an und klingelte. Ein weiterer Besetzer öffnete. Der Hausbesitzer sass in der Küche; er war nicht wie erwartet verängstigt, sondern zutiefst verärgert. »Macht etwas!«, forderte der Mann Schaffner auf, »diese Leute gehören ins Gefängnis. Alle, und zwar sofort!« Schaffner versuchte, zu schlichten – auf beiden Seiten. Er redete den Kurden ins Gewissen:»Protest ist okay«, sagte er,»aber das hier, das ist zu happig. Lasst den Mann gehen!« Dem Hausbesitzer versuchte er zu vermitteln, dass das primäre Ziel sei, gesund aus dem Haus zu kommen. Alles andere würde sich später regeln lassen.

Die Besetzer waren überzeugt, den griechischen Konsul in ihrer Gewalt zu haben, und dachten nicht daran, ihn gehen zu lassen. »Das ist er nicht«, insistierte Schaffner immer wieder, aber die Aktivisten glaubten, der Polizist versuche, sie auszutricksen. Schliesslich verschwand einer der Männer in einem Zimmer und kehrte mit einem Bild zurück, das er vermutlich irgendwo abgehängt hatte. Es zeigte das Porträt des griechischen Konsuls – er sah der Geisel tatsächlich verblüffend ähnlich.»Das hier ist ein anderer Mann«, sagte Schaffner noch einmal und bat die Geisel, sich auszuweisen.»Wenn er hier wohnt«, sagten die Besetzer unbeeindruckt,»dann hat er etwas mit dem Konsulat zu tun.« Von den Geiselnehmern erfuhr Schaffner, dass die Besetzung des Konsulats Teil einer europaweit durchgeführten Aktion war, dass die Leute hier nicht selber entscheiden durften, wann sie die Aktion beendeten. Alles, was Schaffner erreichen konnte, war die Zusage, dass man einen Arzt ins Haus lassen würde, sollte es der Geisel gesundheitlich schlecht gehen. Danach bat Schaffner darum, mit den Kollegen draussen telefonieren zu dürfen. Auch das erlaubte man ihm, allerdings nur unter Beobachtung. Schaffner rief den Einsatzleiter an und sagte ihm, dass er mehr Zeit brauche.

Dann nahm er einen erneuten Anlauf, auf die Geiselnehmer einzuwirken:»Mit dieser Aktion hier ruiniert ihr euer Leben«, sagte Schaffner,»Geiselnahme ist ein Kapitalverbrechen.« Die Aktivisten zogen die Schultern hoch.»Wir tun das für unser Volk. Unser persönliches Schicksal ist nichts gegen jenes unseres Anführers

Öcalan.« Bevor er sich näher über die Forderungen der Geiselnehmer erkundigen wollte, beschloss Schaffner, in die Offensive zu gehen.»Nehmt mich und lasst den Mann gehen«, bot er an. Die Kurden lehnten höflich, aber bestimmt ab. Sie waren nach wie vor davon überzeugt, dass der ältere Mann, den sie hier festhielten, etwas mit der griechischen Botschaft zu tun hatte.

Margrith Hobi war an diesem Dienstag daheim in der Wohnung in Benglen geblieben, weil die Verwaltung die Maler vorbeischicken wollte. Kurz vor Mittag war ihre Mutter zu Besuch gekommen. Während die beiden Frauen Kaffee tranken, lief im Hintergrund das Radio. Der Nachrichtensprecher verkündete, dass ein Polizist der Zürcher Stadtpolizei versuche, mit den kurdischen Geiselnehmern zu verhandeln, der Beamte habe sich in das besetzte Haus begeben.»Mami«, sagte Margrith Hobi wie aus der Pistole geschossen,»das ist der Willy, hundertprozentig.« »Hör auf«, entgegnete ihre Mutter,»man muss nicht immer grad den Teufel an die Wand malen.«»Was wetten wir?«, fragte die Tochter, stand auf, griff zum Telefon und rief im Büro ihres Mannes an. »Kann ich schnell den Willy sprechen?«, bat sie den Kollegen, der abgehoben hatte. Dieser wand sich:»Er ist im Moment im Revier unterwegs.« »Was heisst im Revier?«, wollte sie wissen.»Ausser Haus«, sagte der Beamte. Margrith wurde lauter:»Guter Mann, ist es vielleicht zufällig so, dass es mein Willy ist, der da von den Kurden festgehalten wird?« In der Leitung war nur noch ein Rauschen zu hören.»Äh, Moment«, sagte der Beamte dann,»ich verbinde mit dem Chef.«

Die Leitung wurde unterbrochen. Margrith rief den Vorgesetzten, den sie gut kannte, direkt an. Diesmal ohne Umschweife.»Ist der Willy bei den Kurden?« Die Antwort kam zögerlich.»Du musst dir keine Sorgen machen. Wir haben die Lage unter Kontrolle, und du kannst ihn jederzeit anrufen.« Jetzt wurde sie richtig wütend. Warum hatte ihr Mann sie nicht informiert? »Ich rufe ihn ganz sicher nicht an, das kann ja wohl er tun.« Natürlich machte sie sich Sorgen. Und wie. Eine halbe Stunde später rief Willy tatsächlich zu Hause an. »Du musst dir keine Sorgen machen«, sagte auch er, »es geht mir gut.« Die »Überlebenswochen«, die er mit seinen Freunden regelmässig durchgeführt habe, sagt Schaffner heute, hätten ihm in dieser Situation geholfen. Er habe gewusst, wozu er fähig sei, und zu diesem Zeitpunkt sei er »noch meilenweit« von seiner psychischen und physischen Leistungsgrenze entfernt gewesen.

Um dreizehn Uhr informierte das Schweizer Fernsehen, dass in Genf und Bern kurdische Aktivisten damit drohten, sich selbst in Brand zu setzen. In Athen und Den Haag hatten sich bereits zwei Demonstranten verbrannt.

Kurz vor vierzehn Uhr erlebte auch Schaffner bange Minuten. Im Treppenhaus schrien unvermittelt Leute los, andere schluchzten laut, ein paar der jungen Männer skandierten etwas, das sich wie Kampfparolen anhörte. Bis auf einen Mann, der in der Küche bei Schaffner und der Geisel geblieben war, zogen sich alle zurück. Schaffner hörte, dass einige der älteren Männer versuchten, die jungen zu besänftigen. Gern hätte er gewusst, was hier vor sich ging, aber er verstand kein Wort. Das Telefon klingelte, die Einsatzleitung rief an und forderte Schaffner auf, das Haus unverzüglich zu verlassen. »In Berlin haben sie drei Kurden erschossen«, sagte der Kollege, »komm raus.« Bis heute weiss Schaffner nicht, ob ihn die Aktivisten hätten gehen lassen. Er wollte nicht provozieren, und vor allem hatte er längst entschieden, im Haus zu bleiben, bis der Hausbesitzer frei war. Wirklich Angst habe er vor einer Stürmung gehabt, sagt Schaffner, die Leute im Haus seien aufgebracht gewesen und daher unberechenbar. Nach der Räumung fand man im Keller Kanister mit Benzin.

Um sechzehn Uhr hätte Margrith Hobi im Glattzentrum in der Modissa-Filiale, in der sie inzwischen arbeitete, ihren Dienst antreten sollen. Ihre Mutter war inzwischen heimgegangen. »Du und dein ›Lämpe-Willy‹«, hatte sie zum Abschied kopfschüttelnd gemurmelt. Margrith meldete sich bei ihrem Chef ab. Sie schaltete den Fernseher an und verfolgte gebannt die Berichterstattung über die Besetzung. Alle zwei Stunden rief Schaffners Vorgesetzter an und informierte sie über die aktuelle Lage. »Wenn ihm etwas passiert«, drohte Margrith, »dann lernt ihr mich kennen.«

Um siebzehn Uhr schaltete sich die SP-Kantonsrätin Anna Guler in die Verhandlungen ein. Auch sie konnte die Besetzer nicht davon überzeugen, die Aktion abzubrechen. Schaffner sass jetzt des Öfteren für kurze Zeit allein mit der Geisel in der Küche. Der Mann liess sich immer schwerer beruhigen. »Warum greift man nicht ein?«, fragte er aufgebracht. »Diese Leute sind Verbrecher, sie gehören eingesperrt!« Für einen Moment zog sich Schaffner – begleitet von zwei Kurden – in das luxuriöse Badezimmer der Wohnung zurück, hielt sich die Hände unter den eiskalten Strahl, der aus einem goldenen Wasserhahn kam, wusch sich das Gesicht. Dann suchte er noch einmal das Gespräch mit den Kontaktmännern der Kurden. »Der Mann braucht Medikamente, lasst ihn gehen. Wenn er stirbt, verbringt ihr den Rest eures Lebens im Gefängnis.« Die Männer zuckten mit den Schultern. »Wir entscheiden das nicht«, flüsterte der eine. Im Flur hörte Schaffner, dass in den unteren Stockwerken erregt verhandelt wurde. Er rief die Einsatzleitung an und bat noch einmal um mehr Zeit. Dann setzte er sich wieder in die Küche. In einem günstigen Moment fragte er den Hausbesitzer, ob er nicht einen Herzanfall simulieren könnte. Schaffner war überzeugt, dass die Kurden trotz aller Entschlossenheit das Leben des vermeintlichen Konsuls nicht riskieren wollten.

Bei Schaffners Frau klingelte erneut das Telefon. Ob man ihr über Nacht einen Psychologen schicken solle, wollte Schaffners Vorgesetzter wissen. »Was soll ich mit einem Psychologen?«, fragte sie entrüstet. »Ich will den Willy!«

An der Mühlebachstrasse 44 spitzte sich die Lage inzwischen zu. Die Polizei hatte, um den Druck auf die Geiselnehmer zu erhöhen, begonnen, vor der Botschaft Sympathisanten zu kontrollieren. Einer ihrer Freunde sei auf offener Strasse bis auf die Unterhosen ausgezogen worden, beklagten sich die Geiselnehmer bei Schaffner. Ein paar jüngere Kurden drohten damit, das ganze Haus anzuzünden, wenn die Polizei nicht aufhöre mit diesen Provokationen. Schaffner entschied, zur Tat zu schreiten. Er wies die Geisel leise, aber bestimmt an, Unwohlsein zu simulieren. Jetzt! Der Mann begann, sich über Schmerzen in der Brust zu beklagen, und sagte, er wolle einen Arzt sehen. Schaffner verlangte, dass die tonangebenden Männer in die Küche geholt würden. »Seht ihr?«, sagte er zu ihnen. »Wollt ihr, dass er stirbt?« Hektische Diskussionen brachen aus, und tatsächlich: Eine halbe Stunde später stand eine Ambulanz vor der Tür, und noch einmal anderthalb Stunden später, um 23 Uhr 25, liess man die Geisel das Haus durch den Hinterausgang verlassen. Schaffner seufzte laut. Geschafft! Er glaubte sich am Ziel, nahm seine schwarze Sportjacke und wollte sich verabschieden. »Mission erfüllt«, sagte er zu den beiden Besetzern, die ihn reingelassen hatten, »auf Wiedersehen!«

Die Kurden lachten ungläubig. Dann schüttelten sie den Kopf, versperrten Schaffner den Weg. »Jetzt sind Sie unser Gast«, sagten sie höflich, aber bestimmt und zeigten auf den Stuhl, auf dem eben noch der Hausbesitzer gesessen hatte. »Solange Sie hier sind, werden Ihre Kollegen nicht stürmen.« Einen kurzen Moment lang überlegte Schaffner, ob er versuchen sollte, zu türmen. Nach siebzehn Stunden war er müde, hatte genug von der ganzen Geschichte. »Irgendwann muss das aber schon fertig sein«, sagte er schliesslich matt und rief seine Kollegen an. Diese versicherten ihm, dass man während der Nacht nicht eingreifen würde. Schaffner ass ein Stück Brot und überlegte, was zu tun sei. Zu den beiden jungen Kurden, die ihn beaufsichtigten, gesellte sich einer der Männer, die Schaffner von Demonstrationen her kannte. Die beiden unterhielten sich lange über die Situation des kurdischen Volkes. Schaffner verstand, warum die Leute aufgebracht waren, auch wenn er ihre Methoden in keiner Weise goutierte.

Margrith Hobi konnte ebenfalls nicht schlafen. Kurz vor Mitternacht erfuhr sie aus dem Radio, dass die Besetzer die Geisel freigelassen hatten. Noch bevor sie sich richtig freuen konnte, rief Willy an:»Ich muss bleiben.« Dann übernahm einer seiner Bewacher das Telefon und versuchte, sie zu beruhigen:»Ihr Mann ist in Sicherheit.« Margrith konnte es nicht fassen.»Lasst ihn gehen, aber sofort!«, schrie sie. Der Kurde hängte auf. Jetzt brauchte Schaffner eine Pause, er legte sich in der Nähe des Telefons auf den Boden und schloss die Augen. Drei Kurden bewachten ihn. Tatsächlich nickte er kurz ein, aber bereits um fünf Uhr wurde er wieder geweckt. Die Kurden verlangten, er solle sicherstellen, dass auch am Morgen, wenn es hell wurde, nicht gestürmt werde. Er solle umgehend anrufen und seinen Einfluss geltend machen. Schaffner wurde es zu bunt. Wortlos stand er auf und schritt Richtung Treppenhaus. Kaum war er im Flur, hielten ihn zwei der Männer fest und brachten ihn zurück in die Küche.

Margrith Hobi sass inzwischen im Auto. Sie war auf dem Weg von Benglen nach Zürich. In der Nähe der Mühlebachstrasse hielt sie ein uniformierter Beamter auf.»Hier können Sie nicht durch«, sagte er.»Selbstverständlich kann ich hier durch«, entgegnete sie dem verblüfften Polizisten.»Mein Mann hockt schliesslich da oben im zweiten Stock.« Sie liess das Auto an Ort und Stelle stehen und ging schnurstracks zum umstellten Gebäude. Zu ihrem Mann liess man sie nicht. Rund ums Haus wurden zu dieser Zeit die polizeilichen Kontrollen noch einmal verstärkt. Schaffner geriet weiter unter Druck. Immer unwirscher forderten die Besetzer von ihm, dafür zu sorgen, dass seine Kollegen abzögen. Doch auch Schaffners Möglichkeiten waren begrenzt, das musste er ihnen jetzt klarmachen. Irgendwann verbarrikadierten sich zwei junge Kurden in der Wohnung. Sie waren vermummt und mit Stöcken bewaffnet. Im Treppenhaus begannen andere zu beten. Jedenfalls klang es für Schaffner so. Kurz nach fünfzehn Uhr kam ein junger Kurde zu Schaffner in die Küche und erklärte ihm, dass er mitkommen müsse, runter zum Eingang. Sollte die Polizei ins Haus eindringen, würde man ihn anzünden.

Schaffner blieb regungslos sitzen, spürte, wie ihm die Sache entglitt. Er wusste nicht mehr, was die Kollegen draussen planten, und hier drinnen hatten die Hitzköpfe langsam, aber sicher die Oberhand gewonnen. Im unteren Stock wurde heftig gestritten. Endlich kam Schaffners Kontaktmann zurück in die Wohnung, zusammen mit einem älteren, besonnen wirkenden Mann. Er sagte in gebrochenem Deutsch: »Wir werden Ihnen nichts tun.« Schaffner atmete erleichtert auf. Immer wieder führten die Besetzer in seinem Beisein längere Telefonate. Leider in einer Sprache, die er nicht verstand. Im Laufe des Nachmittags kristallisierten sich zwei Hauptforderungen heraus: Die Besetzer verlangten eine Schweizer Delegation, die sich der Sache der Kurden annehmen sollte, und sie wollten ohne Personenkontrollen abziehen dürfen. Nachdem die Polizei auf die Forderungen nicht eingegangen war, verschlechterte sich die Stimmung im Haus wieder. Die jungen Vermummten begannen, alle Vorhänge zuzuziehen, in der Küche liessen sie die Rollladen herunter. Schaffner hatte keine Ahnung, was die Leute planten, aber er spürte, dass auch seine Peiniger langsam die Geduld verloren. Er vermutete, dass die Polizei in den direkten Verhandlungen mit den Kurden ein Ultimatum gestellt hatte. Er befürchtete das Schlimmste. Doch plötzlich, Schaffner wusste nicht, warum, kam einer der Männer in die Küche und sagte:»Sie können gehen…«

War es der Anrufer vorher, der den Besetzern erlaubte, die Aktion zu beenden, oder waren es die Diskussionen im Haus, vielleicht eine Abstimmung, die zu seinen Gunsten ausgefallen war? Schaffner war es egal. Er wollte raus, subito! Die Kurden erklärten ihm, dass man gemeinsam durch den Haupteingang abziehen werde, traditionelle Tänze tanzend. Jetzt war Schaffners Geduld definitiv zu Ende.»Mached mi jetzt nöd no verruckt«, sagte er genervt. Er wolle auf dem schnellsten Weg zurück in die Einsatzzentrale und daher durch die Hintertür raus. Schaffner erklärte den verdatterten Besetzern, er müsse einen Rapport schreiben, Administratives erledigen, und dann wolle er nur noch eines: nach Hause, zu seiner Familie.»Verstanden?«, fügte er an. Es klang bestimmter, als er es geplant hatte. Die Besetzer gaben nach, und so warteten die verschiedenen Fernsehstationen vergebens auf den Befreiten. Dafür sprachen Kurdinnen und Kurden, die vor dem Haus standen, erleichtert in die Kameras, auch sie freuten sich über das friedliche Ende der Besetzung. Einer von ihnen hatte Blumen, Käse und Brot für die Polizisten mitgebracht. Als er realisierte, dass Schaffner bereits verschwunden war, sagte er zu einem Journalisten:»Er ist ja ein dicker Polizist, da ist eine Nacht ohne Essen nicht so schlimm.«

In der Zentrale wartete Stadträtin Esther Maurer auf ihren Polizisten. Sie umarmte ihn spontan. Schaffner war gerührt. Dann rapportierte er wie angekündigt, beantwortete Fragen. Bei der anschliessenden Medienkonferenz erklärte Schaffner:»Es waren lange Stunden, aber ich glaube, ich habe sie problemlos überstanden.«

Er und der Hausbesitzer seien jederzeit »korrekt behandelt und nie bedroht« worden. 37 Stunden war Schaffner im Haus gewesen, dementsprechend müde war er. Er habe viel gelernt, sagte er, über die kurdische Geschichte, »interessant und aufschlussreich« sei das gewesen. »Die Kurden haben ein echtes Problem«, fügte er an, und auf die Frage, ob er die angekündigte Demonstration der Kurden am Donnerstagmorgen bereits wieder begleiten würde, antwortete er: »Wenns nicht allzu früh losgeht.«

Zwei Tage später gab er dem »Tages-Anzeiger« ein Interview. »Es geht mir zu 97 Prozent wieder gut«, beschreibt er darin seinen Zustand, »ich bin noch müde und vielleicht etwas nervös, aber ich bin überzeugt, dass ich alles gut verarbeiten werde. Mit meinem Naturell kann ich das schaffen.«

## Mördertreff und Fingerspitzengefühl

Schaffner pflegte, wie er selber sagt, auch später einen »respektvollen Kontakt« zu den kurdischen Vereinigungen und vielen anderen in- und ausländischen politischen Organisationen. Wann immer sie komplexere Anlässe oder kurzfristig anberaumte Demonstrationen planten, riefen sie ihn auf sein Mobiltelefon an. Auch nachts, auch am Sonntag. Schaffner versuchte, gemeinsam mit den Organisatoren und dem zuständigen Brandtouroffizier, so nennt man die Einsatzleiter bei Demonstrationen, einen gangbaren Weg zu finden. Was nicht heisst, dass er alles tolerierte. Einmal verbrannten kurdische Demonstranten mitten auf der Strasse eine türkische

Flagge. »Gahts no!«, schrie Schaffner, als er das Feuer sah, und herrschte die Demonstranten an: »Das hat nichts mit Meinungsfreiheit zu tun!« Dann trat der Polizist entschlossen ins Feuer und stampfte es wütend aus. Die Demonstranten waren so geschockt, dass sie ihn einfach machen liessen.

Langsam fasste Schaffner in seiner neuen Rolle Fuss, er hatte nun verlässliche Kontakte in ausländischen Gruppierungen und Gewerkschaften, immer wieder gelang es ihm, auch unbewilligte Aktionen ohne grössere Schwierigkeiten zu Ende zu bringen. Privat ging es ihm weniger gut, Margriths Mutter, zu der auch Schaffner inzwischen ein enges Verhältnis hatte, war innerhalb weniger Wochen an Krebs gestorben. Margrith und Willy hatten sie daheim gepflegt und bis zu ihrem letzten Atemzug an ihrem Bett gesessen.

Wenige Monate später fuhr Willy Schaffner wie jedes Jahr nach Davos. Nicht zum Skifahren, wie er betont, sondern als »logistische Unterstützung« der Bündner Kollegen am World Economic Forum, WEF. Besonders gut erinnert er sich ans Jahr 2000. Bereits am Nachmittag tummelten sich am Bahnhof auffallend viele junge »Skisportler«, die Kappe und Skibrille trugen, manche sogar Skis auf dem Buckel – an den Füssen aber Turnschuhe oder schwarze Stiefel. Schaffner erkannte Gesichter aus Zürich: Schnell war klar, dass man es hier nicht mit Wintersportlern zu tun hatte, sondern mit WEF-Gegnerinnen und -Gegnern. Es wurden immer mehr. Auch die Bündner Kollegen, die Schaffner umgehend informierte, konnten wenig ausrichten: Kurz vor drei Uhr hatten sich rund 1300 Demonstrierende versammelt, aus Lautsprechern skandierten sie »WEF, Mördertreff!« und »Wipe out WEF!«. Bereits nach wenigen Minuten hatte die Demospitze die ersten Polizeisperren durchbrochen. Schaffner schwante Böses – und tatsächlich, auf dem Weg zum Davoser Kongresshaus schlugen Vermummte die

McDonald's-Filiale kurz und klein. Seine Bündner Kollegen schafften es nicht, den Demonstrationszug zu stoppen.

Als später Aktivisten vor dem Davoser Nobelhotel Seehof Landesfahnen verbrannten und versuchten, Scheiben einzuschlagen, mischten sich einheimische Zivilisten in den Konflikt ein. Es kam zu wüsten Auseinandersetzungen. Schaffner blieb nichts anderes übrig, als zuzuschauen, die Bündner Kollegen waren geschockt darüber, »was da aus dem Unterland« angereist war. »Diese Leute werfen dem Staat vor, Gewalt auszuüben, sie selber schrecken aber nicht davor zurück«, nervt sich Schaffner bis heute. Ein Jahr später griff die Polizei radikal durch. Rund um Davos kam es zum grössten Polizeieinsatz, den die Schweiz je gesehen hatte. Schaffner mittendrin. Nur rund 300 WEF-Gegnern gelang es überhaupt, bis nach Davos vorzudringen. Alle andern hatte man gestoppt, heimgeschickt, bei klirrender Kälte stundenlang eingekesselt – unter ihnen auch unbeteiligte Reisende.

Der Protest entlud sich spätabends in Zürich: Rund tausend WEF-Gegner randalierten in der Stadt, es kam zu massiven Sachbeschädigungen und regelrechten Strassenschlachten. Die Zürcher Polizeikräfte, die den Bündnern in Davos ausgeholfen hatten, wurden per Helikopter zurückgeflogen und verhafteten 140 Demonstranten. Schaffner verbrachte diesen Abend in Davos. Er hatte genug gesehen an diesem kalten Wintertag.

Fünfzehn Jahre später treffe ich im Zürcher Café Bebek in der Genossenschaft Kalkbreite einen Bewegten und Mitbegründer des Kulturzentrums Rote Fabrik zum Interview. Er arbeitet heute als Musikjournalist. Seinen Namen möchte er in diesem Buch nicht lesen, aber er erinnert sich auf mein Nachfragen hin, ob er Willy Schaffner kenne, genau an eine Begegnung mit einem grossen, bärtigen, ihm damals noch unbekannten Mann anlässlich einer Zugfahrt ins Bündnerland zu Zeiten des WEF:

»Ich war in der Rhätischen Bahn unterwegs, wollte zusammen mit Freunden in die Berge. In Klosters wurde der Zug plötzlich angehalten, Beamte durchkämmten die Waggons. Die Businessleute mit ihren Aktenköfferchen, die wohl ans WEF wollten, durften den Zug verlassen. Später wurde auch ich aufgefordert, auszusteigen. Ich wurde zusammen mit anderen in einen mit Metallgittern abgesperrten Bereich begleitet. Ich stand da in der Kälte, als sich ein grosser Mann mit Bart den Gittern näherte, mit dem Finger auf mich zeigte und mich mit meinem vollen Namen ansprach. ›Heute wird nicht demonstriert!‹, sagte er. Ich wurde aussortiert, zu den ›Bösen‹, die Weiterreise wurde mir verboten. Zum Glück kannte ich mich in Klosters so gut aus, dass ich abhauen konnte. Natürlich hatte ich mir zusammengereimt, dass der Mann von der Polizei sein musste. Woher er mich kannte, konnte ich mir aber beim besten Willen nicht erklären. Als ich später mit Freunden über das Erlebnis sprach, klärten sie mich auf, dass dieser Mann der ehemalige Spitzel Willy Schaffner sein müsse und dass er mich aus den Achtzigern kenne. Da wurde mir bewusst, was das heisst: dass man mich im Auge hat, mich überwacht, wahrscheinlich für immer. Dass ich zu jenen gehören werde, die man aussortiert, wenn sich die politische Situation in der Schweiz wieder einmal ändern sollte. Das hat etwas sehr Bedrohliches. Nicht zuletzt, weil ich in den Achtzigern mehr als einmal traumatisierende Erlebnisse mit Polizisten hatte.«

Wenn Schaffner und er sich heute begegnen, grüssen sie sich freundlich.


Für die Stadtpolizei Zürich waren die Szenenkenntnisse des ehemaligen Spitzels wertvoll: 2006 wurde Willy Schaffner zum Fachgruppenchef – Feldweibel mit besonderen Aufgaben – befördert. Jürg Frischknecht, der Mann, der ihn enttarnt hatte, bat um ein

Interview. Die beiden trafen sich im Café Parkhaus Urania. Schaffner erlebte seinen vermeintlichen Widersacher als »kritisch, aber fair und absolut nicht angriffig«, auch den Text, den Frischknecht nach dem Treffen schrieb, bezeichnet er als »konziliant«. Er erschien unter dem Titel »Willi von der Bombenpolizei«.

**WoZ:** *1980 bis 1985 verkehrten Sie als staatlich besoldeter »Insider« in der linken Szene.*

**Schaffner:** Das ist ein abgeschlossener Lebensabschnitt. Er war sehr lehrreich und informativ, ich habe eine andere Welt kennen gelernt.

**WoZ:** *Sie gelten als der erfolgreichste Insider.*

**Schaffner:** Es ist schon so; nach fünf Jahren kannte ich etwa 400 bis 500 Leute.

**WoZ:** *Laut dem Bericht der Parlamentarischen Untersuchungskommission PUK hatten Sie Zugang zum »innersten Kreis«.*

**Schaffner:** Ich war regelmässig bei den nicht öffentlichen Sitzungen im Café Boy dabei, das war die oberste Stufe. Bei internen Sitzungen des Revolutionären Aufbaus wäre ich sicher nicht reingekommen.

**WoZ:** *Im Café Boy war auch ein Insider der Kantonspolizei dabei.*

**Schaffner:** Ein paar Mal, nicht immer.

**WoZ:** *Weshalb sind Sie aufgeflogen, der kantonale Insider hingegen nicht?*

**Schaffner:** Nach der Enttarnung von Truniger war damit zu rechnen, dass auch ich auffliegen würde. Da wurde gut recherchiert, zum Insider des Kantons weniger. Der Kanton hat wenig gesagt und ich vor der PUK ebenfalls. Ist ja logisch, dass man einander nicht verzinkt.

**WoZ:** *Gab es Rollenkonflikte?*

**Schaffner:** Richtig. Die Gefahr des Kippens, des selektiv Rapportierens hätte kommen können. Fünf Jahre waren zu lang. In den kritischen Jahren 1980/81 war das sicher eine gute Sache, und ich würde das wieder machen – aber höchstens für zwei Jahre.

**WoZ:** *Wie denken Sie heute über das Instrument Insider?*

**Schaffner:** Die verdeckte Fahndung ist in Sachen Drogen und Waffenhandel, also bei wirklich strafbaren Delikten, ein sinnvolles Instrument. Weiter möchte ich mich dazu nicht äussern.

**WoZ:** *Und in politischen Milieus?*

**Schaffner:** Das ist der heikelste Bereich. Mit dem PUK-Bericht wurde beschlossen, dass es keine Insider mehr gibt, und das wurde bis jetzt eingehalten. Es wäre auch in der Form, wie wir es gemacht haben, absolut nicht sinnvoll.

Weiter schreibt Frischknecht:»Schaffner beobachtet die Szene noch heute, als Mitarbeiter des Sicherheitsdienstes vom Trottoir aus. Manche schreiben ihm eine deeskalierende Rolle zu.«

Sechs Leute hatte Schaffner in seiner Fachgruppe nun unter sich.»Eine schwierige Truppe«, sagt er, nicht alle seiner Mitarbeiter hätten seinen»lockeren«Umgang mit politisch Aktiven geschätzt.»Wenn in einem so kleinen Team ein Drittel eine andere Philosophie vertritt, wirds schwierig.«Darum habe er kurzfristig anberaumte Demonstrationen oder unbewilligte Kundgebungen vielfach zur Chefsache erklärt. Schaffner ging auch einmal einen Kaffee trinken mit jenen, die regelmässig Aktionen organisierten, und erklärte ihnen, wo die Polizei Spielraum hat und wo beim besten Willen nicht. Solches gefiel nicht allen seinen Mitarbeitern, und es kam immer wieder zu unschönen Diskussionen. Schaffner bemüht sich um Selbstkritik: »Delegieren gehört vielleicht tatsächlich nicht zu meinen Stärken.« Dann klingt es wieder ein wenig trotzig, wenn er sagt: »Wenn man nicht weiss, was andere entscheiden, macht man am besten alles von A bis Z selber.«

»Pragmatisch, lösungsorientiert, verhältnismässig«, diese drei Worte fallen immer wieder, wenn Schaffner seine Vorgehensweise erläutert. Schnell redet er sich in Fahrt: »Ein Strassentheater oder ein Transparent sind unter Umständen nicht für alle erfreulich, aber so etwas rechtfertigt doch keinen Grosseinsatz.« Er sagt es so, als müsse er auch mich davon überzeugen. »Dialog, Dialog, Dialog«, fährt er weiter, »das ist das Wichtigste überhaupt. Ein blockiertes Tram ist kein Grund, Menschen mit Gummigeschossen in Gefahr zu bringen und eine Eskalation zu provozieren. Sorry.« Nach einer kurzen Pause fügt er an: »Das war manchmal verdammt schwierig durchzusetzen.« In den meisten Fällen habe er aber recht behalten, die Aktionen seien friedlich verlaufen. Eine E-Mail, die ihm ein Brandtouroffizier nach einem Einsatz schickte, hat Schaffner aufbewahrt. Sie attestiert ihm »Umsicht und Fingerspitzengefühl, aber auch das nötige Pflichtbewusstsein«. »Für einen Brandtouroffizier«, schrieb der Kollege, »gibt es nichts Besseres, als mit Schaffner Einsätze zu bestreiten: Denn solche gehen ausschliesslich reibungslos und ohne grössere Friktionen über die Bühne.«

Auch am linken Rand der Szene wird Schaffners neues Auftreten wahrgenommen. Am Misstrauen gegen ihn ändert es nichts. Nach dem WEF 2008 findet sich auf dem Netzwerk Indymedia folgende Erklärung:

*Am 7. Februar 2008 haben wir das Kommissariat Ost des Polizeidepartementes an der Morgartenstrasse 30 in Zürich mit einer Rakete angegriffen.*

*Eine klitzekleine Antwort auf die Versuche des Staatsappara-*
*tes, jeglichen antikapitalistischen Widerstand gegen das Da-*
*voser KapitalistInnentreffen WEF mit nachrichtendienstli-*
*chen, polizeilichen und militärischen Mitteln von vornherein*
*zu verhindern. Das zeigt sich in den national koordinierten*
*Massnahmen für ein »störungsfreies« WEF. Vorfeldobserva-*
*tionen, Präventivhaft, polizeilich-militärische Besetzung gan-*
*zer Städte, wie Bern, Zürich und Basel, sollten verhindern,*
*dass der bestehende Widerstand gegen das KapitalistInnen-*
*treffen sichtbar wird.*
*In Zürich wurde die für die EURO 08 im Aufbau sich be-*
*findliche neue Führungsstruktur des Polizeikommandos ein-*
*gesetzt. Dazu gehört eine neue Einsatzzentrale mit den neu-*
*esten technischen Errungenschaften, wie ein grosses Lagezentrum.*
*Dieses soll in ständigem Kontakt zum Lagezentrum des Bun-*
*des stehen (dem DAP etc.).*
*Im Vorfeld grosser Anlässe, wie dem WEF oder dem 1. Mai,*
*bereitet hingegen das APE (Analyse, Planung, Einsatzunter-*
*stützung) der Abteilung »Zentrale Dienste« alle relevanten*
*Informationen auf und unterstützt ganz konkret vor Ort die*
*Einsatzleitung operativ wie personell. Die Vorfeldobservatio-*
*nen gehen auf ihr Konto!*
*Die neue Führungsstruktur wird hauptsächlich von den Kom-*
*missariaten Mobil Ost und APE bedient. Die Führungskräfte*
*im Sonderstab EURO 08 sind unteren anderen ehemalige*
*Nachrichtendienstler des berüchtigten KK III, zum Beispiel*
*Willy Schaffner, der für die Nachrichtenbeschaffung und die*
*Prävention verantwortlich ist…*

In Gurtnellen geht inzwischen die Sonne unter. Willy Schaffner
schweigt einen Moment, denkt nach. »Der Staat respektive die Po-

lizei hat das Gewaltmonopol in der Schweiz. Aber immer und überall repressiv zu handeln, ist nicht gut, denn Repression erzeugt Wut, Ohnmacht, Frustration, und das alles entlädt sich irgendwann.« Schaffner macht eine Pause, nimmt einen Schluck aus seinem Wasserglas und fährt dann fort:»Aber – und das möchte ich betonen – wenn es zu Gewalt gegen Beamte oder zu massiven Sachbeschädigungen kommt, ist es ein absolutes Muss, dass die Polizei durchgreift. Physische Attacken gegen Polizisten und Polizistinnen oder Rettungskräfte sind ein absolutes No-Go. Das Abfeuern von Knallpetarden, Stein- oder Flaschenwürfe, aber auch der Einsatz von Laserpointern gegen meine ehemaligen Kolleginnen und Kollegen sind mit nichts, aber auch gar nichts zu entschuldigen. Sie sind schlichtweg kriminell und müssen geahndet werden.«

## Mittlerer Frieden

Als am 19. Dezember 2008 bei Schaffner die Meldung einging, dass rund hundert Papierlose, darunter Frauen und Kinder, die Zürcher Predigerkirche besetzt hätten, fuhr er wie immer erst einmal allein los.»Sich ein Bild machen« nennt er das. Auf dem ersten Flugblatt, das Schaffner vor Ort in die Finger bekam, forderten die Besetzerinnen und Besetzer eine»humane und unbürokratische« Umsetzung der Härtefallregelung und die Aufhebung des Arbeitsverbotes für Personen ohne Papiere. Menschen, die augenscheinlich aus den verschiedensten Regionen dieser Erde stammten, standen herum, an der Kirche hing ein grosses Transparent mit der Aufschrift »Kein Mensch ist illegal«, irgendjemand hatte Musik mitgebracht. Schaffner sah sofort, dass sich die Leute auf einen längeren Aufenthalt einrichteten, sie hatten Lebensmittel dabei, Decken und Getränke.

Der Präsident der Kirchenpflege, der ebenfalls vor Ort war, beteuerte gegenüber Schaffner, dass er die Anliegen der Menschen hier unterstütze, dass er aber – so kurz vor Weihnachten – »die Kirche selber brauche«, dass die Leute gehen müssten, und zwar möglichst bald. Schaffner trommelte alle zusammen, die Kirchenleute, die Anwohner, die politischen Verantwortlichen. Nach einer ersten Auslegeordnung war klar, dass keine akute Gefahr bestand, weder für die Demonstrierenden noch für die Anwohner. Schaffner versuchte, die aufgebrachten Gemüter zu beruhigen. »Wenn man mit Sans-Papiers zu tun hat, darf man nie vergessen«, mahnte er, »dass die nicht aus Langeweile mal eine Kirche besetzen. Diese Menschen haben echte Probleme, das muss man sich vor Augen halten, bevor man reagiert.«

Die Verantwortlichen einigten sich darauf, dass die Besetzerinnen und Besetzer eine Nacht lang bleiben durften. Der zuständige Einsatzleiter erkundigte sich, wo in der Kirche man eine mobile Einsatzzentrale einrichten könne, um bei Problemen umgehend reagieren zu können. »Aus seiner Sicht verständlich«, sagt Schaffner, aber er selber habe damals von Anfang an gespürt, dass dieser Protest nicht so schnell vorbei sein werde, und vor allem sei ihm bewusst gewesen, wie sensibel man hier aufgrund der desolaten Situation, in der sich viele Sans-Papiers befänden, vorgehen müsse. Dann sagt Schaffner den Satz, den man von ihm auch in internen Sitzungen immer wieder hörte: »Wir sind hier nicht im Krieg, bevor wir etwas einrichten, warten wir jetzt erst einmal ab.« Ein weiterer uniformierter Kollege meldete sich und schlug vor, die Kontrollen rund um die Kirche zu verstärken. Man wolle damit neu ankommende Sympathisanten verunsichern. »Das klingt nachvollziehbar«, sagt Schaffner, »ist eigentlich korrekt, aber meines Erachtens trotzdem nicht zielführend.« Kurz darauf bekam Schaffner von der damaligen Polizeivorsteherin Esther Maurer Rückendeckung. Sie gab bekannt, dass es keine Räumung geben werde und man von verstärkten Kontrollen rund um die Kirche absehe. Aus der einen Nacht wurden sechzehn. Sans-Papiers und Aktivisten schliefen auf den Kirchenbänken und auf dem Boden. Es wurde verhandelt, diskutiert und dann doch weiterbesetzt. Der Regierungsrat schaltete sich ein, Politiker jeglicher Couleur. Schaffner und seine Kollegen waren Tag und Nacht vor Ort, es war eine intensive Zeit. Nach zähen Verhandlungen zogen die Sans-Papiers am 4. Januar 2009 schliesslich freiwillig in die Kirche St. Jakob am Stauffacher weiter. »In mittlerem Frieden« sei man auseinandergegangen, sagten die Vertreter der Predigerkirche im Anschluss an die Besetzung gegenüber den Medien. Die Besetzer zeigten sich dankbar, sie putzten die Kirche und brachten Blumen mit. Der Präsident der Kirchenpflege bedankte sich später schriftlich bei Schaffner: »Ihre zurückhaltende Präsenz und Ihre beneidenswerte Ruhe geben einem eine Sicherheit, für die man in solchen Situationen ausgesprochen dankbar ist«, schrieb er ihm persönlich. »Ich habe in dieser Besetzungsgeschichte viele Erfahrungen gemacht, die rundum positiven mit der Stadtpolizei gehören zu den nachhaltigsten.«

## Patrick Angele,
SP-Politiker, Gewerkschaftssekretär,
Leiter Bau der Unia Zürich-Schaffhausen

Patrick Angele, der bereits als Sechzehnjähriger den Jung-
sozialistInnen, Juso, beitrat, hat Willy Schaffner lange nach
dessen Spitzel-Zeit in seiner Funktion als Gewerkschafter
kennen gelernt. Wir trafen uns an einem sonnigen Frühlings-
morgen im Café des Zürcher Restaurants Volkshaus.

Wer Willy Schaffner ist, wusste ich bereits nach meiner ersten
Demo, das muss 2003 gewesen sein, ein Anlass der Juso wohl.
Dass der Grosse mit dem Bart einmal ein Spitzel war, erfuhr
man schnell, wenn man sich in Zürich politisch engagierte.
Verständlicherweise hatte ich zwiespältige Gefühle, als ich
ihm das erste Mal persönlich begegnete. Etwas zwischen
Unbehagen und Faszination: Wie schafft es ein Mensch, so zu
leben, und was ist das für ein Staat, der so etwas macht mit
seinen Leuten?
   Das Unbehagen blieb, aber ich habe schnell gelernt, mit
Schaffner zusammenzuarbeiten. In einer Stadt wie Zürich
wird es immer unplanbare Aktionen geben, eine Kurdendemo
oder »Occupy« zum Beispiel. Das sind spontane Ereignisse,
einer zieht los, andere bringen eine Bühne, wieder andere

Musik oder ein Transparent. Da gibt es niemanden im Hintergrund, der das alles steuert, und damit auch niemanden, der ein Gesuch stellt. In anderen Städten der Welt wird so etwas umgehend niedergeknüppelt und weggeräumt. Dass das in Zürich nicht so ist, hat mit Willy Schaffner zu tun, das habe ich schnell gemerkt. Er kennt enorm viele Leute und ist bestens vernetzt. Er war immer zur Stelle, wenn etwas lief, zu jeder Tages- und Nachtzeit. Schaffner kam und ging auf die Akteure zu, immer mit der Absicht, die Sache so zu regeln, dass niemand zu Schaden kam. Er legte mit den Demonstranten vor Ort eine verbindliche Route fest, informierte die VBZ und die Verkehrspolizei. Alles sehr pragmatisch. Wenn ich etwas mit Schaffner abgemacht hatte, wusste ich, dass die Polizei sich daran hält, so habe ich mich auch daran gehalten.

Seine Stellung in der Stadtpolizei hat ermöglicht, dass man in Zürich mit sozialen Organisationen einen Umgang pflegte, der nicht in erster Linie von Repression geprägt war. Wenn beispielsweise kurdische Aktivisten kurzfristig protestierten und er niemanden kannte, rief er mich oder andere politisch Aktive an und fragte, ob wir etwas ausrichten könnten. Manchmal konnte ich tatsächlich helfen, da ich jemanden aus der gewerkschaftlichen Arbeit kannte. So gelang es oft, auch eine spontane Kundgebung friedlich über die Bühne zu bringen, die Leute konnten ihre Meinung kundtun, und niemand kam zu Schaden. Das ist für mich das grösste Verdienst von Willy Schaffner, er hat einen friedfertigen Umgang zwischen Polizei und politischen Akteuren ermöglicht.

Eine besondere Rolle spielte er bei gewerkschaftlichen Aktionen. Bei einem Streik sind der Polizei von Gesetzes wegen klare Grenzen gesetzt, sie hat die Neutralitätspflicht zu wahren, verhältnismässig zu agieren. Ich erinnere mich an ein schönes Beispiel, an der Bahnhofstrasse: Wir waren mit einer Gruppe Unia-Aktivistinnen und -Aktivisten wegen eines Falles von systematischem Lohndumping morgens um sechs vor der Baustelle des neuen Flagship-Stores von Zara. Da fuhr plötzlich ein Streifenwagen vor. Für die uniformierten Streifenpolizisten war das kein alltäglicher Fall, sie wussten zuerst offensichtlich nicht, wie sie reagieren sollten. Die Stimmung war gereizt, je mehr Arbeiter auf die Baustelle kamen, umso explosiver wurde das Ganze. Bevor die Situation eskalierte, rief ich Schaffner an. Kaum war er auf dem Platz, kehrte Ruhe ein. Man darf nicht vergessen, dass bei diesen Aktionen viel auf dem Spiel steht: Es geht um Geld, um Arbeitsplätze und die Existenzen von Arbeitern. Solche Momente sind oft sehr aufgeladen, und man weiss nie recht, was als Nächstes passieren wird. Die Gefahr, dass die Polizei überreagiert und das Neutralitätsprinzip verletzt, ist in solchen Situationen gross.

Schaffner hatte immer eine ganz klare Haltung. Er separierte die Leute räumlich, sorgte dafür, dass alle Beteiligten dazukamen, ihre Meinung zu sagen, und versuchte zu vermitteln. Er hat es mit seiner Arbeit nicht selten geschafft, dass es zu Gesprächen kam, dass man sich zum Beispiel gemeinsam ins Sitzungszimmer gesetzt und dort über die ausstehenden Löhne verhandelt hat. Weil Schaffner so viele Leute kannte und sattelfest war, was die rechtliche Situation anbelangt, fuhr die Polizei, wenn er vor Ort war, eigentlich nie vorschnell in Vollmontur ein. Am Anfang fand ich es immer ein wenig suspekt, wenn er zu mir sagte: »Diese Ausbeuter, das geht doch nicht!«, aber mittlerweile glaube ich, dass ihm das auch ein persönliches Anliegen ist. Da hat wohl ein grosses Umdenken stattgefunden in diesem Kopf.

Ganz deutlich spürbar wurde der neue Wind 2015 ungefähr ein Jahr nach seiner Pensionierung. Wir hatten wieder einen Fall von Lohndumping auf einer Baustelle. An diesem Wintermorgen zeigte sich schon fast exemplarisch, was es bedeutet, dass Schaffner nicht mehr da ist. Eine hohe Beamtin der Stadtpolizei war vor Ort, die Stimmung ähnlich wie beim Zara-Fall, angespannt, aber nicht unübersichtlich. Die Brandtouroffizierin entschied, mit vier, fünf Wagen voller Uniformpolizisten aufzufahren, die Arbeiter reagierten panisch, und die Beamten begannen, unsere Funktionäre mit Kabelbindern zu fesseln und in die Kastenwagen zu bugsieren. Begründung: Personenkontrolle. Ein Witz! Wir alle waren als Unia-Funktionäre zu erkennen, wir trugen einen Ausweis auf uns, und niemand hätte sich geweigert, diesen zu zeigen. Die Entscheidung der Offizierin war unangemessen und ganz sicher nicht deeskalierend. Anstatt wie zu Schaffners Zeiten sachlich vor Ort, mussten wir die Sache im Nachhinein in einem längeren Prozess mit der Polizeiführung bereinigen.

An diesem Morgen habe ich realisiert, dass sich etwas geändert hatte, auf einen Schlag. Damals wurde mir bewusst, wie gross Schaffners Einfluss gewesen sein muss. Er war ein gewöhnlicher Fachgruppenleiter, kein hohes Tier, aber er hatte etwas zu sagen, bis hoch ins Kommando und in die politische Führung. Die Stimmung in Zürich kann sehr schnell kippen, und damit das nicht passiert, braucht es den politischen Willen der Polizei. Wenn man als Gewerkschaftsfunktionär mit Kabelbindern gefesselt wird oder als Veranstalter einer politischen Demonstration mit der Polizei in Konflikt kommt, ist es nachher nicht einfach, zu sagen: Die Polizei ist eine Partnerorganisation, mit der wir zusammenarbeiten; da bekommt man schnell das Gefühl, die Polizei sei ein Gegner – und dahin zurück möchten wir eigentlich nicht.

## Besetzer und Bullen

Am 7. Januar 2010 räumten Schaffners Kollegen frühmorgens in Oerlikon einen Schulpavillon beim Freibad Allenmoos. Die Baracke war seit ein paar Monaten Heimat der Autonomen Schule Zürich, ASZ, eines selbstorganisierten Bildungsprojekts, das unter anderem kostenlose Deutschkurse für Migrantinnen und Migranten anbietet. Entstanden war die Schule im Anschluss an die Besetzung der Zürcher Predigerkirche, Schaffner kannte einige der Akteure, die sich hier engagierten. Als er im Allenmoos eintraf, herrschte Chaos: Beamte in Kampfmontur hatten das Gebäude umstellt, ein Abrisskommando demontierte bereits die Fenster des Pavillons, Schülerinnen und Schüler liefen desorientiert umher, einige schrien, andere fluchten über die Polizei. Die Einsatzleitung rechtfertigte die Räumung mit Sicherheitsgründen. Angeblich hatte sich der Abwart des Schulhauses an einem illegal verlegten Stromkabel verletzt. Die Leute der ASZ protestierten heftig gegen die Räumung. Sie hätten sich seit Beginn der Besetzung um eine legale Stromversorgung bemüht, sagten sie, es sei die Stadt, die ihr Versprechen, behilflich zu sein, nicht gehalten habe.

Die Polizei setzte die Räumung gegen alle Proteste durch. Spielraum für Verhandlungen gab es keinen. Ein Schüler der ASZ wird später gegenüber einem Journalisten sagen: »Meine ersten Worte auf Deutsch habe ich in der Autonomen Schule Zürich gelernt, zwischen Tränengas und Menschenketten, die der Polizei Widerstand geleistet hatten, während der Räumung der Schule in Oerlikon am 7. Januar 2010. Ich würde heute nicht auf Deutsch schreiben, hätten einige Leute an diesem Morgen nicht entschieden, ein weiteres Gebäude zu besetzen und für autonome Bildungsräume zu kämpfen. Ich hatte das Glück, Deutsch mit einer Pädagogik der Befreiung zu lernen.«

Die Verantwortlichen der ASZ gaben sich nicht so einfach geschlagen, noch am gleichen Abend besetzten sie das städtische Schulhaus Wengi im Zürcher Kreis 4. Das Haus hatte leer gestanden, weil es in Kürze saniert werden sollte. Schaffner hatte inzwischen Pikettdienst. Diesmal wollte er früh genug da sein, eine Chance haben, Verhandlungen zu führen. Nach dem Anruf der Einsatzzentrale fuhr er sofort los. Als er beim Schulhaus ankam, hatten sich bereits rund einhundert Leute darin verbarrikadiert, sie hatten Transparente angebracht und Plakate. Uniformierte Kollegen waren im Begriff, weiträumig abzusperren, und Verstärkung war bereits angefordert. Schaffner bat um Zeit und die Möglichkeit, das Gespräch zu suchen. Die Sache sei heikel, warnte er:»Der Symbolcharakter der Autonomen Schule in der Zürcher Szene ist hoch.«

Die Besetzer machten es Schaffner nicht einfach: Als er sich dem Schulhaus näherte, kippten sie ganze Eimer Wasser aus den Fenstern, einige der Protestierenden urinierten von höheren Etagen hinab auf den Vorplatz. Demonstranten, die Schaffner erkannt hatten, riefen:»Gang hei, Schaffner!«, zweimal traf ihn ein Stück Holz. Schaffner zeigte sich unbeeindruckt.»Kommt raus«, schrie er zurück,»das Haus wird saniert und ist bereits wieder vermietet, an ein Jugendprojekt! Keine Spekulanten, etwas Soziales.«

Lange Zeit passierte gar nichts. Schliesslich antwortete einer der Besetzer, den Schaffner zu den»Vernünftigen«zählte:»Wir brauchen Zeit, um das zu besprechen.«Schaffner atmete durch, er war bereits sicher, dass es eine Lösung geben würde, wenn ihn seine Leute machen liessen. Die Einsatzleitung hatte inzwischen das ganze Gelände mit noch mehr Polizisten umstellen lassen. Auch immer mehr Gaffer näherten sich dem Schulhaus, viele ebenfalls bekannte Köpfe der Szene. Bald waren zu den hundert Aktivisten im Haus weitere hundert rund ums Haus gekommen, man winkte einander zu. »Wenn ihr jetzt eingreift«, sagte Schaffner zu seinem Vorgesetzten, »dann haben wir ein echtes Problem.« Einmal mehr bahnte er sich den Weg auf den Schulhausplatz. »Mached fürschi!«, schrie er zu den Fenstern hoch. »Wir brauchen noch eine Stunde«, lautete die Antwort. Der Entscheid müsse basisdemokratisch gefällt werden, das dauere. »Das übliche Spielchen«, sagt Schaffner und lacht.

Als sich auch zwei Stunden später nichts getan hatte, wurde es Schaffner zu bunt. »Um zwölf Uhr nachts wird der Strafantrag wegen Hausfriedensbruch unterschrieben, überlegt euch das gut!«, rief er. Es half. Nach einer weiteren Wartezeit gaben die Besetzer bekannt, dass sie gehen würden, aber nur, wenn die Polizei auf Personenkontrollen verzichte. »Das ist das grosse Dilemma bei solchen Aktionen«, sagt Schaffner, »vor allem Leute ohne Aufenthaltsrecht fürchten die Kontrollen wie der Teufel das Weihwasser. Gleichzeitig gehört es klar zum Auftrag der Polizei, festzustellen, wer die Beteiligten einer illegalen Besetzung sind.«

Es brauche Mut, zu entscheiden, ob das Durchsetzen des Rechts mehr Nutzen oder mehr Schaden bringe, sagt Schaffner. Damals auf dem Schulhausplatz war nach seiner Überzeugung Letzteres der Fall. »Ich setze mich ein«, versprach er den Besetzern, »aber nur, wenn ihr euch an die Spielregeln haltet: Keine Demo, kein Umzug, gar nichts.« »Lügner!«, schrie ein Vermummter aus einem Fenster. »Das kann jeder sagen!«, ein anderer, und ein Dritter: »Achtung, das ist eine Falle!« Schaffner drehte sich ab und begann, bei den eigenen Leuten dafür zu werben, dass man die Besetzer ziehen liess. Nach längeren Gesprächen willigten die Verantwortlichen skeptisch ein. Und tatsächlich: Um zehn vor eins rannte die ganze Gruppe Besetzerinnen und Besetzer grölend aus dem Haus. Wenige Minuten später war der Spuk vorbei. Im Gebäude gab es nur minime Sachschäden. In den nächsten Tagen hagelte es trotzdem Kritik, intern und extern. Solche Leute gehörten bestraft, hiess es in Leserbriefen und Kommentarspalten, die Polizei habe geschlafen. Schaffner aber war zufrieden. Er hatte einmal mehr bewiesen, dass man mit »solchen Leuten« durchaus verhandeln konnte.

Leider, sagt Schaffner dann, gebe es aber auch Gruppierungen, mit denen der Dialog nie funktioniere: Am 6. Februar 2010 endete eine »Reclaim the Streets«-Demo einmal mehr in einem Strassenkrawall. »Die Idee, die hinter RTS steht«, erklärt Schaffner, »ist ganz einfach, den Freiraum Strasse zurückzuerobern.« Normalerweise seien diese Demonstrationen kunterbunte, wenn auch unbewilligte Umzüge mit Tanz und Musik. Von der Demo im Winter 2010 erfuhr Schaffner am Morgen danach. »Schwere Krawalle in Zürich«, las er im Teletext kurz nach dem Aufstehen. Warum hatte er davon nichts erfahren? Warum hatte ihn niemand angerufen? Schaffner wählte die Nummer des Kollegen, der Pikettdienst geleistet hatte; dieser erklärte ihm, dass die Sache bereits aus dem Ruder gelaufen war, als man ihn selbst informiert hatte. Darum habe er Schaffner schlafen lassen. Dieser erfuhr nun auch, dass die mehrheitlich jungen Demonstranten via SMS und kleinen Handzetteln zur Aktion mobilisiert hatten. Die Flyer hatten sie kurz vorher während des Fussballmatches FC Zürich gegen den FC Xamax verteilt. »Reclaim the Streets. Heute Samstag, 6. 2., 22 Uhr, Carparkplatz Zürich«, lautete die Botschaft.

Die Zeitungslektüre am Montagmorgen war für Schaffner alles andere als erfreulich: Seine Chefin, SP-Polizeivorsteherin Esther

Maurer, hatte sich zur Sache nicht geäussert und wurde umso harscher kritisiert. Sein Kollege, Polizeisprecher Mario Cortesi, hatte den Medien erklären müssen, dass man vom Aufmarsch der Demonstranten überrumpelt worden sei und Wasserwerfer nur von einigen Spezialisten bedient werden könnten, die momentan in den Ferien weilten. Im »Tages-Anzeiger« beklagte der ehemalige Aktivist und engagierte Stadtsoziologe Richard Wolff, der an der Demo teilgenommen hatte, dass der Anlass, der eine Party gewesen sei, jetzt auf die Gewaltexzesse im Anschluss reduziert werde. Der Wahlkampf war im Gange: Im »Blick« drohte der SVP-Stadtratskandidat Mauro Tuena mit einem Internetpranger für Demonstranten.

Es gab in den letzten Jahren kaum eine Demonstration oder grössere politische Aktion, bei der Schaffner nicht anwesend war. Von den 1.-Mai-Demonstrationen bis hin zu Sit-ins der Juso und Streiks der Gewerkschaften, der grosse Mann mit Bart war immer vor Ort. Seine Geschichten darüber ähneln sich – immer sind da viele, die davon überzeugt werden müssen, dass Repression nicht der Weisheit letzter Schluss ist: Anwohnerinnen und Anwohner, Tramchauffeure, aber auch Vorgesetzte und Kollegen. Oft brachte es Schaffner zu einem Happy End, respektive zu dem, was er darunter versteht: zu einer Kundgebung ohne Tränengas- und Gummigeschosseinsatz und mit möglichst wenig Sachschäden.

Hin und wieder aber verschätzte auch er sich: Nach der Annahme der Ausschaffungsinitiative im November 2010 zogen spontan 2000 Gegner der Initiative durch Zürich, Schaffner war überzeugt, die Sache friedlich über die Runden zu bringen. »Lasst sie laufen«, riet er nach einem Augenschein dem diensthabenden Brandtouroffizier. Immer mehr enttäuschte Stimmbürgerinnen und Stimmbürger schlossen sich dem unbewilligten Umzug an, die Stimmung, erinnert sich Schaffner, sei »engagiert, aber der Situation entsprechend ruhig« gewesen. Bis heute kann er sich nicht erklären, warum plötzlich Vermummte, die sich am Central dem Demonstrationszug angeschlossen hatten, ausscherten und scheinbar wahllos Scheiben einschlugen. Vor dem renovierten Zunfthaus zur Zimmerleuten steckten sie einen Christbaum in Brand, zerstörten Stühle und Tische der Gartenwirtschaft. Fazit: Sachschaden in der Höhe von 200 000 Franken. Die Kollegen griffen ein, als auf dem Rückweg erneut Flaschen gegen das Zunfthaus flogen. Das volle Programm: Tränengas, Gummigeschosse und Wasserwerfer. Um 23 Uhr löste sich die Kundgebung am Helvetiaplatz auf, Andrea Stauffacher bezeichnete sie als Erfolg.

»Da sind dann schon Vorwürfe gekommen«, erinnert sich Schaffner; auch der erst kurz vorher eingesetzte Stadtrat und Polizeivorstand Daniel Leupi, Mitglied der Grünen Partei, musste Red und Antwort stehen. »Der Stadtpolizei sind Grenzen gesetzt«, sagte er gegenüber den Medien: »Wenn eine Gruppe von Leuten Gewalt anwenden will, kann das die Polizei in einem freiheitlichen Staat nie vollständig verhindern.« Schaffner nickte anerkennend.

Wie immer nach solchen Anlässen las Schaffner nicht nur den »Tages-Anzeiger« und die NZZ, sondern auch die Websites der »Gegenseite«. Auf Indymedia schrieben die Demonstranten:

*Unterwegs zogen sich mehrmals Bullenreihen von zehn bis zwanzig Einheiten angesichts der Demonstration zurück. Bei der Rudolf-Brun-Brücke wurden sie unter Beschuss von Steinen und Flaschen zur Seite gedrängt, während beim Vorbeiziehen auch Bullenvans angegriffen wurden. Wir freuen uns, dass es laut Medien nur zu einer Verhaftung kam.*

Wenn Schaffner eines gelernt hatte, dann das: Kritik auszuhalten. Seine Deeskalationsstrategie sorgte nicht nur polizeiintern immer wieder für Unmut – auch in der Szene schaffte er sich damit nicht nur Freunde. Nach einer unbewilligten Spontandemo zur Unterstützung des Aufstands in Griechenland im Februar 2012 beklagten sich Leute aus dem Anarchisten-Umfeld online über Demonstranten, die sich von Schaffner dazu hatten »verleiten« lassen, die von der Polizei vorgegebene Route zu nehmen, »obwohl die Bullenpräsenz ziemlich klein war«. »Da sind die Kinder an der Schüler-Demo gegen die AKWs widerständiger«, schrieben die Agitatoren. Und: »Schaffner, der alte Sack mit grauem Bart, Exspitzel und Oberzivi, hätte wieder einmal eins auf die Fresse verdient.«

Schlaflose Nächte habe ihm solches längst nicht mehr bereitet. Wenn er nachts nicht schlief, dann wegen ganz anderer Geschichten. Zum Beispiel, weil er anlässlich einer 1.-Mai-Demo den ehemaligen Aktivisten Steff Fischer getroffen hatte. Bei einem Kaffee im Volkshaus zusammen mit Koni Frei, ebenfalls ein Bewegter und heute Mitbetreiber des Restaurants Volkshaus, hatten sie alte Geschichten aufgewärmt. »Wie Veteranen nach dem Zweiten Weltkrieg«, sagt Schaffner lachend. Fischer erzählte, dass er eng befreundet war mit Michi Morf, jenem Mann, der Schaffner anno dazumal den Zugang zu den Sitzungen im Café Boy ermöglicht hatte. Fischer hatte Schaffner angeboten, Kontakt zur Familie des inzwischen Verstorbenen herzustellen. Bis heute ringt Schaffner mit sich. Jetzt, sagt er, wäre er wohl so weit, sich bei der Mutter für seinen damaligen Vertrauensbruch zu entschuldigen.

## Funkgerät

Diesmal treffe ich Willy Schaffner in der Coalmine-Bar in Winterthur. Es regnet in Strömen an diesem trüben Wintertag. Schaffner lässt mit mir zusammen das Jahr 2012 Revue passieren. Das Jahr, in dem ihm das Missgeschick passierte, das ihn in seiner ganzen Polizistenlaufbahn am meisten ärgerte. Er weicht aus, erzählt zuerst von einer Vermittlung, auf die er bis heute ein wenig stolz ist. Sie soll auch hier vorgezogen werden.

Im Oktober 2012 meldete der Kollege aus der Zentrale Schaffner eine Menschenansammlung vor dem Universitätsspital Zürich. Der Eingang zur Notfallstation sei blockiert. Es gehe wohl um einen Ausschaffungshäftling, der in der Klinik behandelt werde. Die Kantonspolizei sei bereits am Ort des Geschehens. Schaffner stieg in sein Dienstfahrzeug und fuhr los. Unterwegs entwickelte er bereits Ideen, wie er diesen Fall lösen könnte. Vor Ort erfuhr er, dass es sich beim Patienten um den Ausschaffungshäftling Metin Aydin handelte, jenen kurdischen Politiker und Menschenrechtsaktivisten, der sich seit längerem im Hungerstreik befand, um einer Ausschaffung nach Deutschland, die wohl in einer Überführung in die Türkei geendet hätte, zu entgehen. Weiter erfuhr Schaffner, dass Aydin auf der Sicherheits-Krankenstation untergebracht worden war und dass die Staatsanwaltschaft eine Informationssperre verhängt hatte. Keine idealen Voraussetzungen für Verhandlungen.

Fast fünfzig Kurdinnen und Kurden sowie einige Leute der linken Szene standen inzwischen vor dem Eingang zur Notfallstation. Ein paar junge Beamte der Kantonspolizei hatten so weit eingegriffen, dass wenigstens der Zugang zum Spital wieder möglich war. »Verstärkung ist angefordert«, sagten sie, »sobald unsere Leute da sind, beginnen wir mit den Personenkontrollen.« Schaffner wandte sich an den Einsatzleiter der Kantonspolizei und bot an, Verhandlungen zu führen. Er hatte bereits einen der Protestierenden erkannt, »einen der Dialogbereiten«. Tatsächlich erklärte der Mann Schaffner umgehend, dass sie alle Angst hätten um ihren Landsmann. »Darum wollen wir zu Metin, sehen, wie es ihm geht.«

»Grad vergässe«, entgegnete Schaffner kopfschüttelnd, schlug aber vor: »Ich kann versuchen, seinen Arzt zu finden, aber nur, wenn hier draussen Ruhe ist und ihr den Eingang wieder freigebt.« Nach einer kurzen Besprechung willigten die Demonstranten ein. Der zuständige Arzt war schnell gefunden, er zeigte zwar Verständnis, verwies aber auf seine Schweigepflicht und den Maulkorb der Staatsanwaltschaft. Schaffner fackelte nicht lange, rief den Pikettdienst der Staatsanwaltschaft an. »Wenn der Arzt den Leuten sagen kann, wie es Aydin geht, werden sie gehen«, versprach er diesem.

Der Staatsanwalt willigte noch am Telefon ein. Nach Rücksprache mit dem Patienten begleitete der behandelnde Arzt Schaffner auf den Vorplatz. Mehr als eine halbe Stunde lang löcherten ihn die kurdischen Aktivistinnen und Aktivisten mit Fragen. »Ich habe gespürt, wie sie sich beruhigten, der Druck nachliess«, erinnert sich Schaffner. Und tatsächlich zogen die Demonstranten danach ohne weitere Zwischenfälle ab. »Was ist jetzt mit der Personenkontrolle?«, fragten ihn die Kollegen des Kantons. »Nicht nötig«, sagte Schaffner, »wenn man im Nachgang erfolgreicher Verhandlungen kontrolliert, provoziert man eine unnötige Eskalation.«

Anfang November wurde der kranke Aydin allen Protesten zum

Trotz nach Deutschland ausgeliefert. Mehr als hundert Kurdinnen, Kurden und Sympathisanten demonstrierten im Zürcher Kreis 4. Als Schaffner dort ankam, setzten die Kollegen bereits Tränengas und Gummischrot ein. »Natürlich fuchst einen das«, sagt Schaffner, »aber solche Situationen wird es immer geben.«

Kommen wir nun auf jene Sache zurück, die den Polizisten in seiner Karriere am allermeisten ärgerte: die Sache mit dem Funkgerät. Schaffner bestellt einen Kaffee Crème und räuspert sich. Am Nachmittag des 17. März 2012 hatten sich rund sechzig Occupy-Aktivisten vor der Zürcher Börse versammelt. Sie hatten ein grosses Papiermaschee-Schwein mit der Aufschrift »Too Pig To Fail« dabei und Strassenkreiden. Die »Okkupisten«, sagt Schaffner, das wisse man, seien »grundsätzlich friedlich«. Auch diesmal blieb alles ruhig, die Demonstrierenden stellten ein paar Sitzgelegenheiten auf, einen Infostand, immer mehr Menschen kamen, einige trommelten, andere tanzten. Schaffner und seine Kollegen hätten »beobachtend« zugeschaut. Erst als die »Okkupisten« im Verlauf des Nachmittags beschlossen, auf dem Bürkliplatz ein Zeltlager aufzustellen, machte die Polizei deutlich, »wo der Bartli den Most holt«: Beamte in Vollmontur erklärten den Friedlichen, dass man ein Zeltlager nicht dulden werde. »Sanft, sauber, aber klar«, erklärt Schaffner, »und erfolgreich.« Die Demonstranten seien daraufhin mit ihrer Campingausrüstung freiwillig in die Rote Fabrik weitergezogen.

Noch während des Abzugs der Campierenden wurde Schaffner zusammen mit der ganzen Mannschaft an eine andere »Baustelle« beordert – ins besetzte Fabrikareal »Binz«. Als er an der Manessestrasse ankam, sah er sich mit einem rund 150 Protestierende umfassenden Zug konfrontiert, viele waren vermummt. »Das sah nicht gut aus«, erinnert sich Schaffner, trotzdem wurde auch diese unbewillige Kundgebung erst einmal nur »begleitet«. Die Order aber, dass man den Umzug nicht in die Innenstadt laufen lassen würde, war klar. Die Polizisten wanderten also mit durch die Stadtkreise 3 und 4, während Schaffner krampfhaft versuchte, mit den Anführern in Kontakt zu treten, ihnen mitzuteilen, welche Route geduldet werden würde. Er wagte sich gefährlich nahe an die Spitze des Demonstrationszuges heran. »Da ich einige der Köpfe erkannt hatte, fühlte ich mich sicher. Ich dachte, die kannten mich doch als einen Garanten dafür, dass es nicht sofort einen Einsatz gibt.« Sagt es und zieht die Schultern hoch. »Zwischendurch habe ich vergessen, dass ich für einen Teil der Szene immer Teil des Systems bleiben werde und damit der Feind.« Die gesprächsverweigernde Haltung dieser Radikalen ist für Schaffner grundsätzlich verständlich, ein Autonomer, der sich mit dem Staat einlasse, sei ja kein Autonomer mehr.

Kurz vor der Langstrassenunterführung hatte Schaffner einmal mehr zur Spitze des Umzugs aufgeschlossen. Ein paar der Demonstranten versuchten bereits, via Unterführung in den Kreis 5 zu gelangen. Die dort postierten Polizisten versuchten, dies zu verhindern. Als die ersten Vermummten sich der Unterführung näherten, gab ein Beamter einen Warnschuss ab. »In die Luft«, betont Schaffner, »trotzdem nicht ideal.« Die Protestierenden reagierten prompt, es kam zu tumultartigen Szenen.

Auch jetzt noch versuchte Schaffner, die Leute zu beruhigen. »Das war nur ein Warnschuss«, schrie er in die Menge, »kein Grund zur Panik!« Gleichzeitig probierte er, den Leuten klarzumachen, dass man sie nicht in die Innenstadt werde ziehen lassen. »Bleibt auf der Langstrasse, dann passiert euch nichts!« Schaffner stand inzwischen mitten unter den Exponenten des Schwarzen Blocks. Die Stimmung war gereizt, viele der jungen Männer, die ihn umringten, waren äusserst aufgebracht. Eigentlich habe er gewusst, dass er sich zurückziehen müsste, sagt Schaffner, aber der Drang, »noch etwas fertigzubringen«, sei stärker gewesen.

Die Demonstranten kreisten ihn immer enger ein, und plötzlich trat ein jüngerer Vermummter auf den Polizisten zu, entriss ihm das Funkgerät, das er bis dahin offen in der Hand getragen hatte. Schaffner versuchte, den Dieb aufzuhalten, aber er verschwand mit seiner Beute sofort im Pulk. Schaffner flippte aus, fluchte, warf seinen massigen Körper in die Reihen, die sich hinter dem Fliehenden geschlossen hatten. Einem von Schaffners uniformierten Kollegen wurde das alles zu viel. Er versuchte, seinen Kameraden zu befreien, indem er Reizstoff in die Menge sprühte. Schaffner war einen Moment lang selber ausser Gefecht gesetzt. Als er sich wieder gefangen hatte, versuchte er, sich aus der inzwischen begeistert jubelnden Menge zurückzuziehen. Die ersten Aktivisten warfen Bierflaschen nach ihm, er rannte weg, suchte Schutz in einem Hauseingang. Ein paar Vermummte waren ihm gefolgt, sie warfen jetzt Holzlatten nach ihm, ganze Stühle. »Solche Situationen sind nicht schön«, winkt Schaffner ab und schliesst in seiner gewohnt lakonischen Art: »Ein anderer hätte Angst gehabt, aber bei mir braucht es relativ viel.«

Eine Stunde lang konnten die neuen Besitzer des Geräts den Polizeifunk abhören, so lange dauerte es, bis es die Kollegen geschafft hatten, die Frequenz zu sperren. »Ein Polizist, der sein Funkgerät offen rumträgt«, sagt Schaffner kopfschüttelnd, »wenn das keine Einladung ist, gopferteli.« Er dürfe gar nicht daran denken, dass das Ding jetzt wohl in irgendeinem besetzten Haus als Trophäe hänge. Mit einer Platzwunde und Schrammen am Kopf ging Schaffner zurück aufs Revier.

In der Nachbearbeitung des Einsatzes wurde der Einsatz der Dienstwaffe bei solchen Bedrohungslagen diskutiert. Schaffner hat dazu eine klare Meinung. Seine Waffe lag auch bei diesem Einsatz dort, wo sie immer lag: in der Schublade seines Schreibtisches.

Auf Indymedia stand später:

*Willy Schaffner hat lustigerweise irgendwann sein Funkgerät verloren, und als er und seine zwei Zivis sich bedrängt fühlten, haben sie angefangen zu pfeffern – was darin endete, das sie ein paar Stühle und anderes an den Kopf bekommen haben. Trotzdem konnte die Demo weiterlaufen. Die Bullen waren an diesem Tag ziemlich überfordert, vor allem da gleichzeitig noch ne andere Demo und das Occupy-Zeugs war.*

Auch auf dem Anarchisten-Blog »An die Waisen des Existierenden« wurde der Sieg über Schaffner gefeiert:

*Bei einer Demonstration für das besetzte Fabrikareal »Binz« wurde dem altbekannten Polizisten für politische Angelegenheiten Willy Schaffner ein Box in den Bauch verpasst. Obwohl sich einige Demonstranten schützend vor die Polizisten stellten (?!), bekamen auch seine herbeieilenden Beamten noch ein paar Stühle ab.*

## Rolf Urech,
Chef Sicherheitsabteilung der Stadtpolizei Zürich

Wie Schaffner hat auch Rolf Urech den Polizeiberuf von
der Pike auf gelernt. Während der Platzspitz-Zeit war er
fünf Jahre lang als Drogenfahnder unterwegs, in den Jahren
vor Schaffners Pensionierung war er sein direkter Vorgesetzter.
Ich treffe Rolf Urech in seinem Büro im Amtshaus 1 am
Limmatquai.

Willy Schaffner war für mich als Vorgesetzten ein wichtiger
Ansprechpartner. Wer immer eine Demonstration plante –
Schaffner kannte sich aus. Wenn ich morgens ins Büro kam,
war er schon da und datierte mich in wenigen Minuten über
das politisch aktuelle Geschehen auf, und wenn ich abends
nach Hause ging, sass er immer noch an seinem Schreibtisch
und versorgte mich noch beim Weggehen mit den neusten
Informationen. Freizeit bedeutete ihm nicht viel, und er
wollte vor Ort sein, wenn etwas passierte. Kaum kam ein
Hinweis rein, dass eine Aktion, Kundgebung oder Demonstration geplant war, begann er zu organisieren. Er suchte Ansprechpartner, hörte den Leuten zu. Das konnte er: zuhören.
Jeder und jedem. Wenn er seine Meinung gebildet hatte,
kam er zu mir und sagte: Wir machen das so oder so. Und

weil er wusste, dass er damit oftmals seine Kompetenzen ausreizte, fragte er dann noch:»Chef, ist das okay so?«

Für mich stimmte die Zusammenarbeit mit ihm, seine Einschätzungen waren sehr treffend, von zehn Demos, bei denen er im Einsatz war, liefen acht bis neun gut. Das ist eine beachtenswerte Quote, und es fiel mir darum leicht, ihm Freiraum zu lassen. Für viele Einsatzleiter war Schaffner eine Art Rückversicherung. Wenn er bei einer Spontandemo ausrückte oder Pikett hatte, fiel den meisten Brandtouroffizieren ein Stein vom Herzen. Schaffner konnte die Situation einschätzen, und es gelang ihm fast immer, die Dinge friedlich zu lösen. Er hatte keine Berührungsängste und schonte sich selber nie, drängte sich am 1. Mai auch mitten in die Gefahrenzone, wenn er das Gefühl hatte, dort noch etwas bewegen zu können.

Durch seine Arbeitsweise hatten wir weniger politische Anfragen und schonten die Personalressourcen. Dass er im Korps trotzdem immer wieder einmal kritisiert wurde, lag daran, dass er Repression grundsätzlich ablehnte. Für ihn waren Zwangsmassnahmen das letzte Mittel. Er schöpfte lieber jeden rechtlichen Graubereich aus, bevor er bereit war, jemanden zu verzeigen oder Tränengas oder Gummischrot einzusetzen. Da war man intern natürlich nicht immer gleicher Meinung, Repression ist Teil der polizeilichen Methoden. Auch damals arbeitete man schon nach der Drei-D-Strategie (Dialog – Deeskalation – Durchgreifen). Für Schaffner war sie immer ein Versagen. Repression erzeuge Gegenrepression, sagte er, und sei darum nie eine Lösung.

Mit dieser Haltung nahm er hin, dass es hin und wieder zu kleineren Sachbeschädigungen kam. Wenn es zu Krawallen kam, ärgerte es ihn sehr. Trotzdem war er der Meinung, dass solche Zwischenfälle in einer Grossstadt wie Zürich ein-, zweimal im Jahr nicht zu vermeiden seien. Das sehe ich anders, ich gehe davon aus, dass das nicht passiert, wenn wir mit genügend Leuten vor Ort sind. Diese Fragen haben wir immer wieder diskutiert. Willy Schaffner hatte dabei immer das Wohl der Stadt Zürich im Auge und jenes seiner Kollegen. Und natürlich hat er versucht, mir seine Sicht der Dinge schmackhaft zu machen, aber er war loyal, kooperativ, und er akzeptierte – zähneknirschend –, wenn es nicht so lief, wie er es gern gehabt hätte.

In der Vermittlung und der Deeskalation hat Schaffner Bemerkenswertes geleistet, weniger erfolgreich war er als Teamleiter. Wenn er etwas nicht konnte, dann Arbeiten und Aufträge an seine Mitarbeiter delegieren. Er machte lieber alles allein. Das war ihm bewusst, und es plagte ihn auch. Er war ein Einzelkämpfer. Wenn er Qualifikationsgespräche führen musste, machte ihm das mehr Bauchweh als der schlimmste Saubannerzug durch die Altstadt.

Die letzten Jahre waren für ihn nicht einfach. Es gab mehrere Reorganisationen, und es wurde strukturierter bei uns. Während früher ein Einsatzleiter relativ frei entscheiden konnte, mit wie vielen Einsatzkräften er einen Anlass begleitete, gibt es heute einen modernen Einsatzplanungsprozess, an welchem die Handlungsrichtlinien und die Einsatzmittel festgelegt werden. Schaffner, der meist am liebsten ganz ohne Ordnungsdienst ausgerückt wäre, verlor dadurch einiges an Spielraum.

Hinzu kommt, dass Polizisten grundsätzlich Mühe haben mit Veränderungen, ältere Polizisten wie Willy Schaffner noch mehr. Doch bei jedem Wechsel in der Führung gibt es gewisse Umstrukturierungen. Jeder Polizeikommandant hat andere Vorstellungen von der Polizeiarbeit. Beim letzten Wechsel hat man genau hingeschaut, was die einzelnen Fachgruppen machen, wie die sogenannte präventive Arbeit aussehen soll. Schaffners Fachgruppe wurde mit anderen zusammengelegt und ist jetzt nicht nur in der Lagebeurteilung und Aufklärung tätig, sondern muss auch repressive Aufgaben übernehmen: verzeigen, verhaften. Einzelne Mitarbeiter der Fachgruppe haben sich gewehrt, ihr Argument war, man könne kein Vertrauensverhältnis zu Personengruppen aufbauen, wenn man gleichzeitig den Auftrag habe, Verzeigungen zu machen.

Die besondere Biografie von Willy Schaffner wurde in der täglichen Arbeit vor allem dadurch sichtbar, dass er jede und jeden kannte. Wenn wir nach Arbeitsschluss einmal ein Bier trinken gingen, wurden auch die schwierigeren Seiten seiner Geschichte zum Thema. Ich glaube, die Insider-Zeit beschäftigt ihn bis heute. Er hat sie mir häppchenweise erzählt, abwartend, vorsichtig, wohl auch, um herauszuspüren, wie viel ich weiss und wie ich reagieren würde.

Deutlich wurde seine Vergangenheit auch, wenn in der Stadtpolizei der Einsatz von Informanten thematisiert wurde. Da hat er sich klar positioniert, er war ein Gegner dieser Art der Informationsbeschaffung. Sie bringe wenig Resultate, und der Preis, vor allem menschlich, sei zu hoch. Er selber hatte das Glück, dass er nach seiner Enttarnung in dem Bereich weiterarbeiten konnte, in dem er stark war. Auch ist Schaffner fähig zur Selbstkritik. Er ist keiner, der die Schuld nur bei den anderen sucht, das hat ihn wohl auch davor bewahrt, bitter zu werden.

Er war definitiv eine spezielle Nummer, dieser Willy Schaffner. Jemanden wie ihn kann man nicht von einem Tag auf den anderen ersetzen. Das heisst aber nicht, dass es ohne ihn nicht geht.

## Bis zum Schluss

Am 1. Juni 2013 geschah etwas, das Schaffner bis dahin für völlig unmöglich gehalten hatte: Mit Richard Wolff, Mitglied der Alternativen Liste, wurde ein ehemaliger Aktivist in den Zürcher Stadtrat gewählt. »Hätte mir das jemand drei Wochen vorher vorausgesagt, hätte ich ihn ausgelacht«, sagt Schaffner. »Das wäre ungefähr so gewesen, wie wenn man uns drei Monate vor der Fichenaffäre gesagt hätte, dass wir bald die ganzen Rapporte an jene schicken müssten, über die wir sie erstellt hatten.« Auch Wolff schien vom Lauf der Dinge überrascht. Als klar wurde, dass er das Polizeiressort übernehmen musste, machte er unverhohlen klar, dass dies nicht gerade sein Wunschdepartement war.

Kein Wunder: Im Buch »Wir wollen alles, und zwar subito!« von Heinz Nigg zu den Achtziger-Unruhen hatte sich der neue Vorstand des Polizeidepartementes noch 2001 wie folgt geäussert:

Ich begann Geografie und Ethnologie zu studieren, und ich war ein absoluter Bob-Marley-Fan. Er verkörperte alle meine Themen und Interessen: Er kam aus einem Drittweltland, machte heisse Musik, setzte sich für Gerechtigkeit ein und kiffte auf der Bühne. Er war lustig und intelligent – einfach alles! Da ging ich natürlich zusammen mit meinen Ethnofreunden am 30. Mai 1980 ans Bob-Marley-Konzert im Hallenstadion. Am andern Tag erfuhr ich, dass in Zürich in derselben Nacht Strassenschlachten getobt hatten. Am gleichen Tag ging ich vors Opernhaus, und da lief es wieder genau gleich ab wie am Vorabend. Von da an ging ich an alle Demos. Du musstest mit niemandem abmachen. Du wusstest einfach: Am Mittwoch oder am Samstag, meistens sogar an beiden Tagen, war Demo. Dort hast du immer mehr Leute kennen gelernt, und es herrschte eine gute Stimmung.

Für mich war der Ausbruch der Achtziger-Unruhen eine Zäsur. Ich konnte das, was in Zürich geschah, mit der Dritten Welt und mit Bob Marley verbinden: Zürich wurde Teil vom Rest der Welt. Ich sah, dass es auch hier viele Leute gab, die etwas nicht gut fanden und dies verändern wollten. Zürich lebte! Dass ich mich in dieser Stadt zu engagieren begann, war für mich die persönliche Quintessenz aus der Achtziger-Revolte. Und da gab es eine Menge konkreter Forderungen: Wir wollen die Rote Fabrik und ein AJZ – und LSD im Trinkwasser der Stadt! Dann ging es auch gegen die Bullen, gegen den Stadtrat, gegen das Establishment, gegen die Bonzen, gegen die Unterdrückung. Das gab eine gemeinsame Basis. Und es war lustig!

Auch der Kommandant des drittgrössten Polizeikorps der Schweiz wurde ersetzt, durch Oberst Daniel Blumer, den Mann, der damals Schaffners »Zwilling« Truniger nach seiner Enttarnung im Gerichtsverfahren wegen Amtsmissbrauchs unterstützt hatte. Auch Blumer selber ist kein unbeschriebenes Blatt: Ihm wurden laut »Tages-Anzeiger« und NZZ mehrere Verkehrsdelikte zur Last gelegt. Schaffner schmunzelt und schüttelt den Kopf. Anfang 2014 traf er am Neujahrsapéro der AL, den er in der Hoffnung besuchte, sich dort mit Niggi Scherr über vergangene Zeiten unterhalten zu können, auf den neuen Vorsteher des Polizeidepartements, Richard

Wolff. Dieser bot Schaffner das Du an. Schaffner wünschte dem alten »Weggefährten« für seine neue Tätigkeit viel Glück. »Der Richi macht das nicht schlecht«, sagt Schaffner jetzt im Holzchalet im Urner Oberland, »auch wenn er es nicht einfach hat im Korps.« Was Schaffner bedauert, ist, dass in der Führung der Polizei kaum mehr Leute sind, die von der Pike auf bei der Polizei waren. »Zu viele Quereinsteiger mit akademischen Titeln.« Dagegen sei nichts einzuwenden, das seien gescheite und korrekte Mitarbeiter, »aber manchmal fehlt dann halt schon die praktische Erfahrung und das Verständnis für die Menschen auf der Strasse.«

Im Herbst 2013 kündete die Leitung der Stadtpolizei die Reorganisation »Move« an, die Sicherheitsdienste der bis dahin autonomen Abteilungen Sport und Politik wurden zusammengelegt, Schaffners Fachgruppe, die bis anhin für den Personen- und Objektschutz sowie die Informationsbeschaffung zuständig gewesen war, wurde aufgelöst, der neu geschaffenen Gruppe kamen nun auch repressive Aufgaben zu. »Meiner Meinung nach ein schlechter Entscheid«, sagt Schaffner, der sich zusammen mit seinem Stellvertreter erfolglos zur Wehr gesetzt hatte. »Wenn man mit politischen Gruppierungen im Gespräch bleiben will, muss man die Leute kennen. Da kann nicht ein Politischer plötzlich auf Hooligans zugehen und umgekehrt.« Für Schaffner sind »politisch rebellische Leute« und »konstant lästig agierende Sportstörer« zwei Paar Schuhe. Während er für randalierende Fussballfans kein Verständnis aufbringt, ist es für ihn ein Stück weit nachvollziehbar, dass der öffentliche Raum für politische Demonstrationen und Aktionen genutzt wird. Dass dabei nicht immer eine Bewilligung eingeholt werde, sei zwar unschön, aber heute real.

Er hätte jetzt gehen können: Mit 63 wären die Bedingungen für eine frühzeitige Pension äusserst attraktiv gewesen, aber Schaffner lehnte ab. »Ich machte meinen Job gern«, erklärt sich Schaffner, und weder die Vorgesetzten noch das Geld sollten bestimmen, wie lange er ihn ausübte.

Seit mehr als drei Stunden sitze ich mit Schaffner am hölzernen Küchentisch, seit drei Stunden höre ich ihm zu. Mein Aufnahmegerät braucht neue Batterien, ich brauche eine Pause, aber Schaffner ist noch nicht fertig. Er will sicher sein, dass ich verstehe, welche Erfolge die Dialogstrategie gebracht hat, zum Beispiel bei den Hausbesetzungen. »Während früher konsequent geräumt wurde«, sagt er, »hat sich Zürich heute mit den Häuserbesetzern arrangiert, sie gehören zu Zürich wie die Zünfte.« Das sei nur möglich geworden, weil es Vermittler gegeben habe, Leute wie ihn, die sich in der Szene auskannten. »Es gibt heute klare Spielregeln«, fährt er fort, »diese sind beiden Seiten bestens bekannt.« Er, der als Insider geheime Pläne von Wohnungen angefertigt hatte, in denen Besetzerinnen und Besetzer wohnten, sagt heute: »Hausbesetzer zu sein, ist im Übrigen nicht so bequem, wie viele meinen. Die Besetzer müssen Job, Schule, ewige basisorientierte Diskussionen, persönliche Konflikte, Personenkontrollen, Räumungsandrohungen von Behörden unter einen Hut bringen.« Das sei ganz schön anstrengend; zudem besetzten die Leute ja nicht aus purer Lust Häuser, das seien Bedürfnisbesetzungen. »Besetzer sind meist jüngere Leute, die entschlossen sind, sich gegen den schleichenden Strukturwandel gewisser Stadtteile und die Zerstörung von günstigem Wohnraum zu wehren. Sie sind solidarisch und untereinander gut vernetzt.« Schaffner nimmt einen Schluck Mineralwasser. Dann klingt er fast schon wie ein Aktivist: »Es herrscht Wohnungsnot in Zürich, es werden Häuser auf Vorrat abgerissen, und immer mehr Liegenschaften fallen dem Spekulantentum zum Opfer. Das muss man erkennen, auch als Polizist.«

Noch war Schaffner Polizist, aber das Ende seiner Dienstzeit war absehbar. Das machte ihn mutiger. Im November sprach er mit einem Journalisten des »Tages-Anzeigers« über seine berufliche Vergangenheit. Ein paar ehemals Bewegte schrieben ihm nach der Lektüre des Artikels: »Dafür, dass du ein Spitzel warst, bist du heute ganz okay.« Schaffner lächelt. »Das hat mich gefreut. Aber es ist schon so, für viele heisst es: Einmal Bullenschwein immer Bullenschwein.«

Hat er jemals daran gedacht, sich für das, was war, zu entschuldigen? »Nein«, sagt Schaffner und ohne lange zu überlegen. »Nein, nicht pauschal. Das würde bedeuten, dass ich einen wesentlichen Teil meines Lebens grundsätzlich infrage stellen müsste.« Da habe er das gleiche Problem wie etwa der Ökoterrorist Marco Camenisch, »einfach auf einer anderen Stufe«.

Am Dienstag, 10. Juni 2014 rückte Schaffner zu einem seiner letzten Einsätze aus. Kurz nach elf rief ihn die Einsatzzentrale an: »Wir haben eine Kundgebung bei der Fifa«, informierte der Kollege. Die Leute würden den Eingang zum Gebäude blockieren. »Muss das sein?«, dachte Schaffner, so kurz vor dem Mittagessen und mitten in den Aufräumarbeiten vor seiner inzwischen bevorstehenden Pensionierung. Er fuhr dann doch los, wie immer allein. »Nicht gefährlich«, war seine Einschätzung, Linksextreme und Autonome konnten das um diese Uhrzeit nicht sein, »die sind eher nachtaktiv«.

Beim Fifa-Gebäude angekommen, traf er auf rund achtzig Aktivistinnen und Aktivisten der Juso, mehrheitlich Studierende. Sie taten ihre Solidarität mit den Brasilianern kund, die gegen eine WM in ihrem eigenen Land waren und ihre Regierung, aber auch die Fifa wegen Geldverschwendung und Korruption kritisierten, und forderten den Rücktritt von Sepp Blatter. »Fuck you FIFA«, stand auf den Transparenten der Demonstrierenden auf dem Zürichberg und: »Schulen statt Stadien«. Die jungen Menschen wollten der Fifa einen Protestbrief übergeben, aber die Fifa-Verantwortlichen weigerten sich, ihn entgegenzunehmen. Schaffner rief seinen Stellvertreter an und bat ihn, Fifa-Exponenten vor die Tür zu beordern. Zwanzig Minuten später standen zwar zwei Mediensprecher der Fifa auf dem Platz, aber beide waren nicht bereit, das Schreiben entgegenzunehmen. Sie verlangten im Gegenteil, dass umgehend geräumt und juristisch gegen die Protestierenden vorgegangen werde. Schaffner beschwichtigte: »Nehmen Sie jetzt einfach den Brief entgegen, und nach einer halben Stunde hat sich das erledigt«, sagte er. Eine Strafanzeige bringe nichts. »Sachbeschädigungen hat es keine gegeben, und von Nötigung kann auch nicht die Rede sein, da der freie Aus- und Zugang zum Gebäude über den Hinterausgang gefahrlos möglich ist.« Nach einer längeren Diskussion lenkten die Fifa-Verantwortlichen ein und nahmen den Brief entgegen, nach einer kurzen Diskussion zogen die Demonstranten friedlich ab. Ein Strafantrag vonseiten der Fifa wurde nicht gestellt. Er wisse, dass er sich, obwohl mit den Brandtouroffizieren abgesprochen, mit solchen Aktionen weit aus dem Fenster gelehnt habe. Schaffner schrieb wie immer, wenn nichts Nennenswertes festzuhalten war, einen Fünfzeiler mit Datum und Art der Veranstaltung ins Journal.

Schaffner sitzt in seiner Küche und lächelt: »Ad acta.« In den letzten Jahren, sagt Schaffner, sei er zusehends einsamer geworden mit seiner Haltung. Die Arbeitskultur innerhalb der Stadtpolizei habe sich stark verändert. Die Linientreuen seien erstarkt. Leute, die auch einmal ein »Föifi grad sein lassen können«, seien rar geworden. »Extrem«, philosophiert er und fragt sich dann selber, »aber was heisst extrem?« Extrem, meint er dann, sei einer, der aus seiner politischen Überzeugung heraus Autos anzünde oder Scheiben einschlage, aber extrem sei auch, wenn die Polizei am Sonntagmorgen an einer abschüssigen Strasse Geschwindigkeitskontrollen durchführe. »Das hat mit Aufrechterhaltung der Sicherheit nichts zu tun, das ist ein Abzocken der Kirchgänger, der Skifahrer und der Wanderer.« Dann lacht er: »Mich hats an so einem Sonntagmorgen auch mal erwischt.«

Im selben, seinem letzten Monat bei der Polizei, lud der Kurdische Kulturverein Zürich Schaffner und seine Frau ins eigene Klublokal im Kreis 4 ein. Männer in traditionellen Trachten servierten Platten voll mit köstlichen Spezialitäten. »Ein unheimlicher Raum«, erinnert sich Margrith Hobi, »dunkel, der Eingang bewacht, überall Bilder von Freiheitskämpfern.« Schaffner unterbricht sie: »Die nehmen das halt ernst mit der Politik, mit dem Widerstand, das kann man nicht vergleichen mit dem, was wir hier haben.« Schaffner liess es sich nicht nehmen, eine kurze Rede zu halten und seine Sympathien für die Sache der Kurden auszudrücken. Dann bedankte er sich für die kooperative Zusammenarbeit und wünschte für die Zukunft alles Gute. »Die 30 000 bis 40 000 Kurdinnen und Kurden in der Schweiz sind in einer schwierigen Situation«, sagt er jetzt zu mir. »Sie haben kein eigenes Land, sehen ihre Kultur gefährdet und tragen trotz ihrem Leiden viel zu unserem Wohlstand hier bei.«

Noch einmal musste Schaffner ausrücken: Rund hundert junge Autonome hatten eine leere Denner-Filiale besetzt, um darin eine Party zu feiern. »Sauvage nennt sich das«, erklärt mir Schaffner. Die Besetzer hatten Musikboxen angeschleppt und Bierkartons. Die Nachbarschaft hatte die Polizei informiert. Zum letzten Mal suchte Schaffner das Gespräch, zuerst mit den uniformierten Kollegen, die bereits vor Ort waren, dann mit dem vermummten Partyvolk. Er versuchte, den Besetzern klarzumachen, dass sie nicht bleiben konnten. »Da oben hat es diverse Büros, direkt nebenan wohnen Familien«, sagte er, »so was müsst ihr doch vorher sauber recherchieren.« Eine halbe Stunde dauerte das Wortgefecht, dann zogen die junge Autonomen ab. Bevor sie das Gebäude verliessen, fragten sie:»Schaffner, schreibst du ein Buch, wenn du pensioniert bist? Kommen wir auch darin vor?«

Am 27. Juni 2014 hatte Willy Schaffner seinen letzten Arbeitstag. Die dritte Reorganisation stand an, Schaffner konnte sich mit dieser nicht identifizieren. »Dieser neue militärische Stil liegt mir nicht. Die Gesellschaft hat sich verändert. Es braucht mehr Spielraum. Gerade bei politischen Kundgebungen, bei denen es nicht zu brachialer Gewalt kommt. So sehe ich das.« Und dann: »Der Zeitpunkt meines Abgangs war perfekt.«

Die Dateien, die er hätte löschen sollen, löschte er nicht, das sollten, fand er, die Spezialisten für ihn erledigen. Er bat einen Kollegen, ein letztes Foto von ihm an seinem Bürotisch zu machen, dann fuhr er den Computer runter, schlenderte zum Volkshaus, setzte sich an einen der Tische vor dem Restaurant zum Szenevolk und bestellte sich ein Bier.

**Richard Wolff,**
Stadtrat, Polizeivorstand und Mitglied
der Alternativen Liste, AL

Mit der Wahl von Richard Wolff zum Polizeivorstand der
Stadt Zürich geschah für Willy Schaffner etwas bis dahin
Unvorstellbares: Ein bespitzelter Bewegter wurde zu seinem
Vorgesetzten. Ich treffe Richard Wolff in seinem Büro im
Amtshaus 1 am Zürcher Limmatquai.

Die Überraschung über meine Wahl ins Polizeidepartement
war bei mir gross. Ich habe mit allen Departementen gerechnet, aber nicht mit diesem. Während des Wahlkampfs habe
ich mir überlegt, wie ich mich in den verschiedenen Bereichen einbringen würde – nur zur Polizei habe ich mir keine
Gedanken gemacht. Dieses Departement, das war mir klar,
würde man mir als Vertreter der polizeikritischen AL nicht
anvertrauen.

Heute sehe ich meine politische Herkunft und die Zeit als
Aktiver in der »Bewegig« als Bonus. Gerade weil ich als Stu-
dent miterlebt habe, wie die Polizei während der Achtziger-
Unruhen zwischen die Fronten geraten ist. Wenn man sich
heute die Bilder dieser Zeit ansieht, entsteht der Eindruck,
die Auseinandersetzungen hätten in erster Linie zwischen

Uniformierten und Jugendlichen stattgefunden. Dem war nicht so. Es ging damals um etwas ganz anderes, etwas plakativ ausgedrückt, prallten zwei Weltbilder aufeinander: ein äusserst restriktives, konservatives und ein neues, das Liberalisierungen forderte, Freiräume. Obwohl die Jugendbewegung durchaus gewillt war, die geforderte Öffnung auf politischem Weg zu erreichen, kam es zum Eklat. Wir spürten damals aufseiten des Staates keinerlei Entgegenkommen, nur Unverständnis und Ablehnung. Die Polizei stand dazwischen. Es ist ihre Tragik, dass sie als ausführendes Organ verantwortlich gemacht wird für Entscheidungen, die andere getroffen haben.

Die damaligen Auseinandersetzungen an Demonstrationen prägen bei gewissen Leuten bis heute das Bild der Polizei. Als Polizeivorstand erlebe ich, wie nachhaltig sich eine schlechte Politik auf das Image einer ganzen Berufsgruppe auswirken kann und wie lange die Schäden, die angerichtet werden, nachwirken.

Willy Schaffner habe ich in der Zeit der »Bewegig« nicht persönlich gekannt. Vielleicht waren wir das eine oder andere Mal gemeinsam an einer Sitzung, aufgefallen ist er mir nie. Gemunkelt hat man immer, dass Spitzel anwesend seien, aber ich war mir nie sicher, was dran ist an diesen Gerüchten. Persönlich kennen gelernt habe ich den ehemaligen Insider erst nach meiner Wahl am Neujahrsapéro der AL im Januar 2014. Ich war recht überrascht, ihn dort zu treffen, aber wir haben uns gut unterhalten, natürlich über die Spitzel-Zeit. Ich habe den Eindruck gewonnen, dass seine damalige Rolle Schaffner bis heute belastet.

Spitzel in politische Gruppierungen einzuschleusen, ist grundsätzlich ein Vertrauensbruch des Staates gegenüber seinen Bürgerinnen und Bürgern. Man muss sich bewusst sein, was es auslösen kann, wenn der Staat zu solchen Mitteln greift. Zum Schluss misstraut jeder jedem, wir kennen diese Situation aus der DDR. Filme wie »Das Leben der Anderen« zeigen das sehr schön. Man muss sich aber auch bewusst sein, dass die Achtzigerjahre eine hysterische Zeit waren, Kalter Krieg, die politischen Gegensätze von links und rechts schlugen in hohen Wellen zusammen.

Solche Einsätze sind einer Demokratie eigentlich nicht würdig, und trotzdem stellt sich die Frage nach dieser Art der Ermittlung immer wieder: Was, wenn wir es mit Kinderpornografie-Ringen zu tun haben oder Terrorismus? Sollen verdeckte Ermittlungen auch dann nicht möglich sein? Das sind ganz schwierige Entscheidungen. Sicher ist: Wenn man dieses Instrument einsetzt, muss es gut kontrolliert und begleitet werden, durch mehrere Instanzen abgesegnet, objektiv und immer wieder neutral beurteilt.

Aus Sicht des Bespitzelten ist ein Spitzel etwas richtig Fieses. Dass sich Schaffner in seinem späteren Berufsleben so weit gewandelt hat, dass er heute auch in der Szene von vielen akzeptiert wird, ist bemerkenswert. Die Position des Vermittlers, die er in den letzten Jahren an Demonstrationen oft eingenommen hat, setzt voraus, dass die vermittelnde Person sowohl die Akzeptanz der politischen Akteure geniesst, als auch polizeiintern getragen wird. Und auch dann bleiben diese Einsätze immer eine Gratwanderung. Sie gelingen nur, wenn man auf beiden Seiten Abmachungen treffen kann, die dann auch eingehalten werden. Das hat Schaffner offenbar gut gemeistert, dank seiner Geschichte, dank seiner Persönlichkeit. Er kennt sehr viele Leute, hüben wie drüben, ist bestens informiert.

Natürlich bleibt immer ein Rest Misstrauen. Das volle Vertrauen kann man in dieser Position wohl auf keiner Seite haben. Das liegt in der Natur der Sache, und das muss man aushalten können. Schaffner konnte das. In dieser Hinsicht war er sicher ein Glücksfall.

# Das Leben danach

Willy Schaffner war seit mehr als einem Jahr pensioniert, als ich ihn das erste Mal traf. Auf meine Frage, was ihn heute glücklich mache, antwortete er, ohne nachdenken zu müssen: »Im Wald zu sein, auf dem Regliberg im Göscheneralptal, auf einer Meereshöhe zwischen 1500 und 1700 Metern, allein, bei Sonnenschein auf einer Waldlichtung einen Steinpilz rausdrehen.«

Er sei in ein Loch gefallen, nach der Pensionierung, fährt er fort. »Also nicht depressiv oder so. Das sowieso nicht.« Aber die Frage, obs das jetzt gewesen sei, habe sich ihm schon gestellt. Es habe gedauert, bis sich das Gefühl der grossen Freiheit einstellen wollte: Keine Termine mehr, niemand mehr, der einem sagt, was man zu tun hat. »Heute brauche ich das alles nicht mehr«, sagt Schaffner, »ganz und gar nicht.«

Was nicht heisst, dass ihn die Polizeiarbeit kaltlässt. Täglich liest er die Zürcher Zeitungen, insbesondere alles, was über seine ehemaligen Kollegen und Vorfälle, die sie betreffen, berichtet wird. Schaffner entgeht nichts. So auch nicht der Bericht über die Nacht vom 12. auf den 13. Dezember 2014, als es im Rahmen einer weiteren »Reclaim the Streets«-Demonstration zu massiven Sachbeschädigungen und sieben verletzten Polizistinnen und Polizisten gekommen war. Schaffner fühlte sich bei der Lektüre der Zeitungen in die Achtzigerjahre zurückversetzt: »Blick« und »Tages-Anzeiger« schrieben von Krawallanten, Chaoten und Saubannerzügen, in Kommentaren verlangten Leser, dass künftig Schusswaffen gegen das »Chaotenpack« eingesetzt werde, und die NZZ forderte Polizeivorstand Richard Wolff auf, sein Konzept zur Beobachtung der gewaltbereiten Szenen zu überprüfen und sich, falls nötig, für verdeckte Ermittler in der Szene starkzumachen ...

Auch die irrtümliche Verhaftung des FCZ-Stars Yassine Chikhaoui, die im Mai 2015 für Schlagzeilen sorgte, beschäftigt ihn bis heute. Der tunesische Fussballer war mit seiner Frau an der Bahnhofstrasse einkaufen, als ihn Stadtpolizisten brutal attackierten, zu Boden drückten und in Handschellen abführten. Begründung später: Man habe ihn mit einem Taschendieb verwechselt. »Dieses harte Durchgreifen wird heute wohl in der Polizeischule gelehrt. Mir fehlt dabei einfach ein Stück weit das Augenmass, das ärgert mich«, sagt Schaffner, und nach einer Pause fügt er einmal mehr an: »Genauso ärgert es mich, wenn bei nächtlichen Demonstrationen Polizisten angegriffen und verletzt werden. Polizisten müssen heute einiges einstecken, gerade in der Stadt, gerade in den Ausgangsvierteln.«

Trotzdem, sagt Schaffner und kehrt noch einmal zu seiner Herzensbotschaft zurück, müsse die Verhältnismässigkeit jederzeit gewahrt bleiben und mit der nötigen Sensibilität vorgegangen werden. In einem gewerkschaftlichen Arbeitskampf zum Beispiel habe die Polizei nicht einzuschreiten. »Da kann man nicht in Kampfmontur auffahren und die Leute verhaften. Das geht einfach nicht.«

Wenn er es für angebracht hält, ruft Schaffner auch einmal bei den ehemaligen Kollegen an oder schreibt eine E-Mail. »Ich weiss, dass mich das alles nichts mehr angeht«, sagt er dann. »Aber solche Vorfälle plagen mich halt immer noch.«

Es ist spät geworden im Holzchalet in Gurtnellen. Die Hühner sind längst im Hühnerhaus, der Mond steht hoch über dem Tal. Schaffner packt seine Zeitungsausschnitte und Rapporte zurück in die Wäschezainen. Eines Tages wird er ein grosses Feuer machen. Dann wird Willi Schaller sterben und die Spitzel-Zeit für Willy Schaffner definitiv abgeschlossen sein. Ad acta.

## Nachbemerkung

Kurz vor Drucklegung dieses Buches hat sich Willy Schaffner dazu entschlossen, seine Dokumente nicht zu verbrennen, sondern sie Nicola Behrens, einem wissenschaftlichen Mitarbeiter des Zürcher Stadtarchivs – auch er ein ehemals Bewegter –, zu übergeben.

## Nachwort

Die Idee, ein Buch über meine Zeit als Polizeispitzel zu veröffentlichen, wurde immer wieder von verschiedensten Seiten – auch politischer – an mich herangetragen. Und nun, nun liegt es vor mir, wenn auch vorläufig nur als Manuskript. Wenn ich all das lese, was Tanja Polli in akribischer Recherchearbeit, in unzähligen Interviews mit mir, meiner Familie, aber auch mit vielen Zeitzeugen über die Achtzigerjahre zusammengetragen und sorgfältig zu Papier gebracht hat, weiss ich, ganz ehrlich gesagt nicht, ob ich mich freuen oder eher nicht freuen soll.

Denn so, wie ich einst ein doppeltes Leben geführt habe, so trage ich auch jetzt zwei Seelen in meiner Brust. Da ist die eine Seite, die sagt: Das, was da bald zwischen zwei Buchdeckeln gedruckt vorliegen wird, ist mehr als meine Geschichte. Tanja Polli hat es geschafft, ein Zeitdokument zu verfassen. Aber – und ich gebe es offen zu – da gibt es auch die andere Seite. Sie möchte die Bremse durchtreten und das Manuskript in der Schublade verschwinden lassen. Warum? Die Aussicht darauf, dass dieses Buch eines Tages jeder lesen kann, macht mir Kummer, denn ich befürchte, dass ich missverstanden werden könnte – vonseiten der Polizei ebenso wie von den damals Bewegten.

An dieser Stelle möchte ich festhalten, dass die Stadtpolizei Zürich über ein modernes und gut ausgebildetes Korps verfügt und auch die Leute in den rückwärtigen Diensten gute Arbeit leisten.

Die Tagesgeschäfte, verbunden mit der dazugehörenden Rapport-erstattung, werden immer komplexer. Frontdiensttätige, seien es Streifenwagenfahrer, Detektive, Verkehrsbeamte, sehen sich zudem im Alltag sehr oft mit unangenehmen Fällen konfrontiert, werden angepöbelt, müssen sich sehr viel gefallen lassen. Es gibt sie, die Gruppierungen, deren Anhänger sich permanent auf Konfrontationskurs mit der Polizei befinden. Da wirds natürlich schon schwierig. Hier gibts auch nichts zu vermitteln. Wenn solche Leute gewalttätig in Erscheinung treten, muss konsequent eingeschritten werden. Prioritäres Ziel dabei ist die Festnahme von Straftätern und die Schadensbegrenzung des Ereignisses. Selbstverständlich unter Wahrung der Verhältnismässigkeit. Das ist natürlich nicht immer ganz einfach und wird es auch in Zukunft nicht bleiben.

Definitiv Ja zu sagen zu diesem Buch, war eine Berg-und-Tal-Fahrt sondergleichen, Margrith, meine Frau, kann ein Lied davon singen. Sie war es ironischerweise, die mir zu Beginn abgeraten hat, einen Verlag zu suchen. Sie war es aber auch, die, nachdem sie das Manuskript gelesen hatte, meinte: »Willy, um jetzt noch einen Rückzieher zu machen, ist das Buch schlicht zu wichtig.«

Und wo sie recht hat, hat sie recht. Das weiss ich schon lange, denn ohne meine Frau, mit der ich mich in meine alte Heimat, ins Urnerland, zurückgezogen habe, an einen Flecken Erde, wo sich Fuchs und Hase Gute Nacht sagen, ohne sie wäre ich damals untergegangen und heute nicht da, wo ich jetzt stehe.

Wenn ich mir etwas wünschen dürfte – dann dies: Dass dieses Buch nicht zu viel böses Blut bei meinen ehemaligen Kollegen schafft. So, dass ich jetzt wirklich loslassen und eine Grenze ziehen kann. Eine, hinter der ich meinen Unruhestand hoffentlich noch lange geniessen und das, was war, loslassen kann. Endlich.

*Willy Schaffner, Ende Juli 2016*

## Der Dank der Autorin

»Es wird alles gut, liebe Tanja«, schrieb mir Gabriella Baumann-von Arx, die Verlegerin dieses Buches, wann immer ich in den hohen Wogen, die sein Entstehungsprozess zuweilen schlug, zu ertrinken drohte. Für ihre Zuversicht, ihre Unterstützung und das Vertrauen, das sie mir jederzeit entgegenbrachte, möchte ich ihr von Herzen danken. Bedanken möchte ich mich auch:

– bei Jürg Frischknecht, dafür, dass er sich trotz seiner schweren Erkrankung, die kurz vor Drucklegung dieses Buches zu seinem Tod geführt hat, Zeit für mich und meine Fragen genommen hat;

– bei all meinen Interviewpartnerinnen und -partnern für ihre Offenheit und ihre wunderbaren Geschichten, ohne die dieses Buch nicht wäre, was es ist;

– bei Mathias Ninck für seinen beherzten Einsatz zwischen Penne al Burro und diversen Sitzungsterminen;

– bei Margrith Hobi und Willy Schaffner für die Zeit und die Gastfreundschaft;

– bei den Lektoren Andrea Leuthold und Reto Winteler für den finalen Schliff;

– bei Käther Bänziger für jedes einzelne Komma;

– bei Daniel Leupi für seine wertvolle Mitarbeit;

– bei all jenen, die mir zuhörten. Immer: Urs. Immer wieder: Lauro, Nico, Eva, Timi, Andrea, Eveline, Helene, Martina, Karin, Ursula.

*Unsere Bücher finden Sie überall dort,*
*wo es gute Bücher gibt, und unter*
*www.woerterseh.ch*

# Eine Auswahl unserer Bestseller

Das volle Wörterseh-Verlagsprogramm finden Sie unter www.woerterseh.ch